VERBORGENES
KAPSTADT

Justin Fox, Alison Westwood und Lesley Cox

JONGLEZ VERLAG

Reiseführer

Alison Westwood wuchs in Johannesburg auf und kam 1999 nach Kapstadt. Begeistert von dieser Stadt – für sie schon bald die „schönste Stadt der Welt" – beschloss sie zu bleiben. Alison studierte Journalismus an der Rhodes University und ist seit über zehn Jahren als Reiseschriftstellerin und Fotografin für verschiedene Print- und Onlinepublikationen tätig. Voller Leidenschaft für das Außergewöhnliche und mit Begeisterung für Details machte sie sich auf, die Geheimnisse ihrer Wahlheimat zu erkunden – und liebt diese seitdem noch mehr.

Justin Fox ist ein preisgekrönter Autor und Fotograf und früherer Herausgeber des Reisemagazins *Getaway International*. Justin lebt in Kapstadt. Als Rhodes-Stipendiat promovierte er an der University of Oxford im Fach Englisch und ging später als wissenschaftlicher Mitarbeiter an die Universität Kapstadt, wo er heute in Teilzeit lehrt. Seine Artikel und Fotografien wurden in einer Reihe internationaler Publikationen veröffentlicht und befassen sich mit einem breiten Themenspektrum. Seine Kurzgeschichten und Gedichte sind in verschiedenen Anthologien erschienen.

Lesley Cox wuchs in England auf. Nach ihrem Abschluss in Industriebiologie begann sie eine Tätigkeit bei einem internationalen Anbieter für medizinische Ausrüstung. Mehr als ein Jahrzehnt war sie beruflich und privat auf der ganzen Welt unterwegs. 1995 führte ihr Weg sie nach Südafrika. Es war Liebe auf den ersten Blick, und sie beschloss zu bleiben. 20 Jahre lang veranstaltete Lesley private Tagestouren durch Kapstadt. Nach einem Honours Degree in Geschichte 2016 ist sie heute auf die Geschichte und das kulturelle Erbe von Kapstadt spezialisiert und bietet Rundgänge für Einheimische und Besucher an. In ihrer Freizeit setzt sie sich im Rahmen verschiedener Projekte von Museen und Non-Profit-Organisationen für den Erhalt des Kulturguts der Stadt ein.

Wir hatten große Freude bei der Arbeit an diesem Reiseführer mit dem Titel *Verborgenes Kapstadt* und hoffen, dass Sie in seiner Begleitung – wie wir selbst – ungewöhnliche, verborgene oder eher unbekannte Aspekte der Stadt entdecken können.
Einige Einträge sind mit historischen Anmerkungen oder Anekdoten versehen, die dazu beitragen sollen, die Stadt in ihrer ganzen Komplexität zu verstehen.
Verborgenes Kapstadt lenkt die Aufmerksamkeit des Reisenden auch auf eine Vielzahl von Details, auf die die Autoren an Orten gestoßen sind, an denen man Tag für Tag vorbeigeht, ohne sie zu bemerken. Wir verstehen das als Einladung, die urbane Landschaft, die uns umgibt, genauer zu betrachten, und ganz allgemein den Blick auf unsere Stadt zu öffnen und ihr mit der Neugier und Aufmerksamkeit zu begegnen, die wir so oft auf Reisen an den Tag legen ...

Über Anmerkungen zu diesem Reiseführer und seinem Inhalt sowie Informationen zu Orten, die darin nicht aufgeführt sind, freuen wir uns sehr und bemühen uns, diese in künftige Ausgaben aufzunehmen.

Kontaktieren Sie uns:
info@jonglezverlag.com

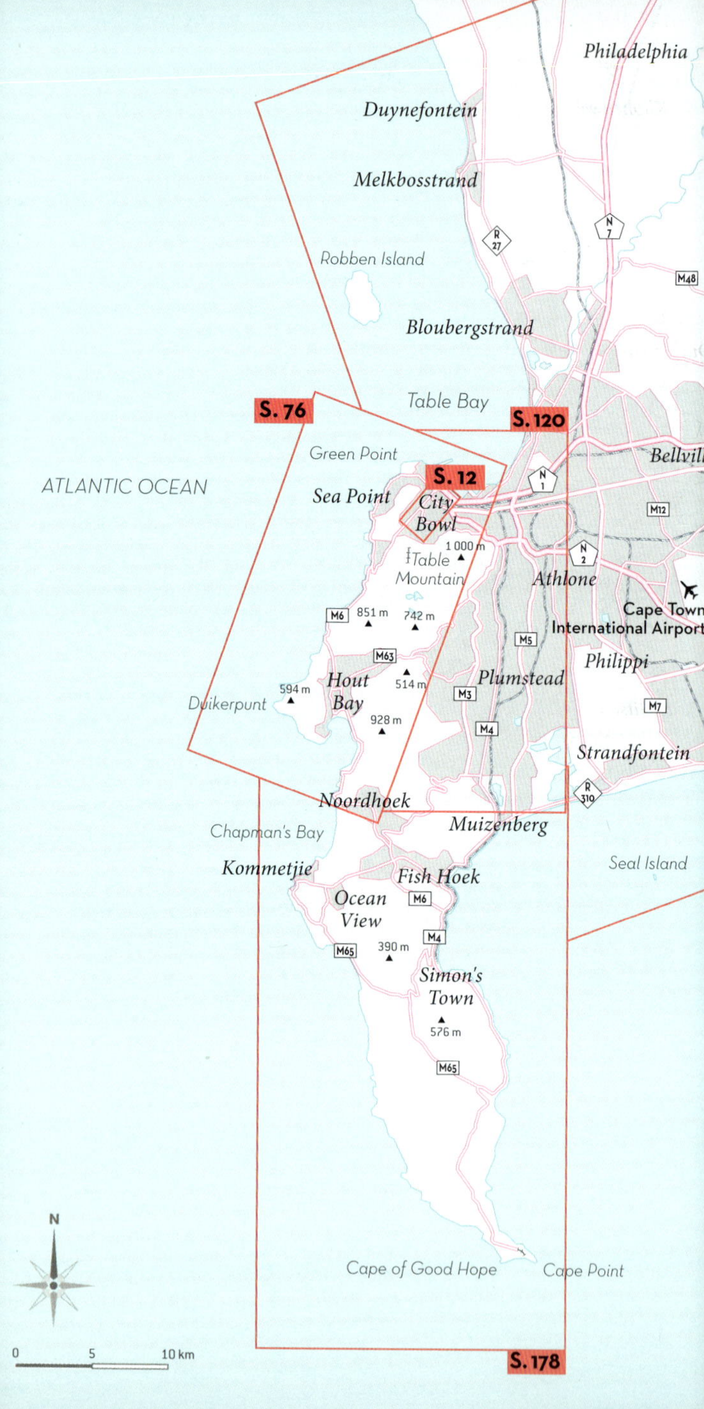

Philadelphia
Duynefontein
Melkbosstrand
R 27
N 7
Robben Island
M48
Bloubergstrand
Table Bay
S. 76
S. 120
Green Point
Bellvil
ATLANTIC OCEAN
S. 12
Sea Point
City Bowl
N 1
M12
1 000 m
Table Mountain
N 2
Athlone
Cape Town International Airport
M6
851 m
742 m
M5
M63
Philippi
Hout Bay
514 m
Plumstead
594 m
Duikerpunt
M3
928 m
M4
M7
Strandfontein
R 310
Noordhoek
Muizenberg
Chapman's Bay
Kommetjie
Fish Hoek
Seal Island
Ocean View
M6
M4
M65
390 m
Simon's Town
576 m
M65
Cape of Good Hope
Cape Point
N
0
5
10 km
S. 178

Wellington
Windmeul
Klipheuwel
Paarl
730 m
WORCESTER
Klapmuts
Durbanville
Wemmershoek
1 391 m
Kuils River
Stellenbosch
M12
1 175 m
1 494 m
Blue Downs
1 090 m
1 590 m
1 591 m
Khayelitsha
Macassar
Somerset West
S. 228
Strand
Gordon's Bay
Grabouw
False Bay
MOSSEL BAY, PORT ELIZABETH
1 269 m
870 m
637 m
595 m
Rooiels
844 m
873 m
368 m
Kleinmond
Pringle Bay
454 m
Betty's Bay
Betty's Bay

INHALT

City Bowl

MAHNMAL ZUM GEDENKEN AN DEN ERSTEN WELTKRIEG *14*
OLD GRANARY BUILDING *16*
VERBLIEBENE STEINPLATTEN DER SEVEN STEPS *18*
NIEDERLÄNDISCH-REFORMIERTE KIRCHE
DER TAFELBERG-KONGREGATION *20*
„ONS IS NOG HIER"-MAHNMAL *22*
GLOCKENSPIEL IN DER CITY HALL *24*
WANDGEMÄLDE AM HAUPTPOSTAMT *26*
SPRINGBRUNNEN AM LIGHTFOOT MEMORIAL *28*
MULLERS OPTOMETRISTS *30*
HÖLZERNE PFLASTERSTEINE *32*
GRUFT VON OLOF BERGH *34*
POSTSTEINE *36*
WAPPEN AM ALTEN RATHAUS *38*
SLAVE CHURCH MUSEUM *40*
DER HERITAGE-REBSTOCK *42*
HISTORISCHE STRASSENBAHNSCHIENEN *44*
PRESTWICH MEMORIAL *46*
AUWAL-MOSCHEE *48*
DUTCH MANOR ANTIQUE HOTEL *50*
MANNENBERG MEMORIAL *52*
CENTRE FOR THE BOOK *54*
PUMPEN-BAUM *56*
LIBERMAN DOORS *58*
GESCHNITZTE NETSUKE-MINIATUREN *60*
BESITZTÜMER VON JOSHUA PENNY *62*
QUAGGA-FOHLEN *64*
VAN-OUDTSHOORN-GRUFT *66*
UBUNTU-BAUM *68*
MOLTENO POWER STATION *70*
HURLING-PUMPE *72*
STADTSFONTEIN *74*

Atlantikküste

DIE *SHIP SOCIETY* *78*
JETTY 1 *80*
DIE TREADMILL AM BREAKWATER PRISON *82*
VERSCHWINDLAFETTE *84*

DER SOCKEL DES LEUCHTTURMS AM MOUILLE POINT 86
DAS WRACK DER *RMS ATHENS* 88
DER „GRAND VLEI“ 90
KAJAKFAHREN IN DER THREE ANCHOR BAY 92
DIE CHARLES-DARWIN-FELSEN 94
ROUNDHOUSE 96
ROTUNDA 98
BETA BEACH 100
DER STRAND AUF DEM TAFELBERG 102
RELIKTE DES KASTEELSPOORT CABLEWAY 104
TRANQUILITY CRACKS 106
WANDERUNG AUF DER HALBINSEL OUDESCHIP 108
DUNGEONS SURFSPOT 110
DER VERWAISTE TISCH IM CAFÉ *DEUS EX MACHINA* 112
DER BOOTSANLEGER DER ALTEN MANGANMINE 114
EAST FORT 116
DIE GEHEIME HÖHLE 118

Südliche Vororte

DIE FRANZÖSISCHE REDOUTE 122
DIE ST. GEORGE'S CATHEDRAL IN WOODSTOCK 124
DER VERTRAGSBAUM 126
DIE ORIGINAL NOON GUN 128
DER BULI-STUHL 130
WELGELEGEN MANOR HOUSE 132
ÜBERRESTE DES ALTEN ZOOS 134
GROOTE SCHUUR RESIDENCE 136
DER RONDEBOSCH-BRUNNEN 140
JOSEPHINE MILL 142
NEWLANDS SPRING 144
PARADISE 146
DAS BOSHOF-PORTAL 148
DER HERSCHEL-OBELISK 150
DIE REKORD-BÄUME IN DEN ARDERNE GARDENS 152
STELLENBERG GARDENS 154
DAS NATURSCHUTZGEBIET AM HIPPODROM VON KENILWORTH 156
DAS MILITARY AQUATIC CENTRE IN WYNBERG 158
ENCEPHALARTOS WOODII 160
VAN RIEBEECKS HECKE 162

INHALT

THE ENDEMIC PROJECT 164
ORANGE KLOOF 166
DE HEL 168
DAS PORTRÄT VON DR. BARRY 170
DER *KARAMAT* VON KLEIN CONSTANTIA 172
DIE OOG 174
DIE GEFÄNGNISKANTINE VON POLLSMOOR 176

Kap-Halbinsel

MILKWOOD FOREST 180
DAS WRACK DER *SS KAKAPO* 182
DER SLANGKOP-LEUCHTTURM 184
IMHOFF'S GIFT 186
PEERS CAVE 188
HET POSTHUYS MUSEUM 190
DER CUPIDO IN DER CASA LABIA 192
DER BAHNHOF VON MUIZENBERG 194
FAHNENMASTEN UND GEDENKTAFEL FÜR DIE SCHLACHT VON MUIZENBERG 196
RHODES COTTAGE MUSEUM 198
DER MEILENSTEIN VON ST. JAMES 200
KIRCHE DER HEILIGEN DREIFALTIGKEIT 202
DAS GEZEITENSCHWIMMBAD VON DALEBROOK 204
DIE 9-ZOLL-KANONE VON SIMON'S TOWN 206
DER ROMAN-ROCK-LEUCHTTURM 208
DIE LUFTSEILBAHN AM RED HILL 210
DER ALTE UHRENTURM 212
DAS WRACK DER *SAS PRESIDENT KRUGER* 214
DAS GRAB VON JUST NUISANCE 216
HERITAGE MUSEUM 218
DER MARTELLO-TURM 220
DER ALTE FRIEDHOF 222
ALBATROSS ROCK 224
DIE KANONE AM PAULSBERG 226

Westküste & Cape Flats

NATURSCHUTZGEBIET KOEBERG 230
HAAKGAT POINT 232
DIE RADARSTATION AM BLAAUWBERG HILL 234

DIE 9-ZOLL-KANONE VON ROBBEN ISLAND — *236*
SANCCOB — *238*
DER TEMPEL VON MAZU — *240*
INTAKA ISLAND — *242*
KLEIN ZOAR HOUSE — *244*
MUSEUM DER SÜDAFRIKANISCHEN LUFTWAFFE — *246*
SPAZIERGANG AM CENTRAL SQUARE — *248*
DIE FLIEHENDEN FLUSSPFERDE VON RONDEVLEI — *250*
NATURSCHUTZGEBIET WOLFGAT — *252*
MARVOL MUSEUM — *254*
NATURSCHUTZGEBIET CAPE FLATS — *256*
NATURSCHUTZGEBIET TYGERBERG — *258*
DER ROSENGARTEN VON DURBANVILLE — *260*
ONZE MOLEN — *262*
DIE ALLERHEILIGENKIRCHE VON DURBANVILLE — *264*
DAS WIJNLAND AUTO-MUSEUM — *266*

ALPHABETISCHER INDEX — *268*

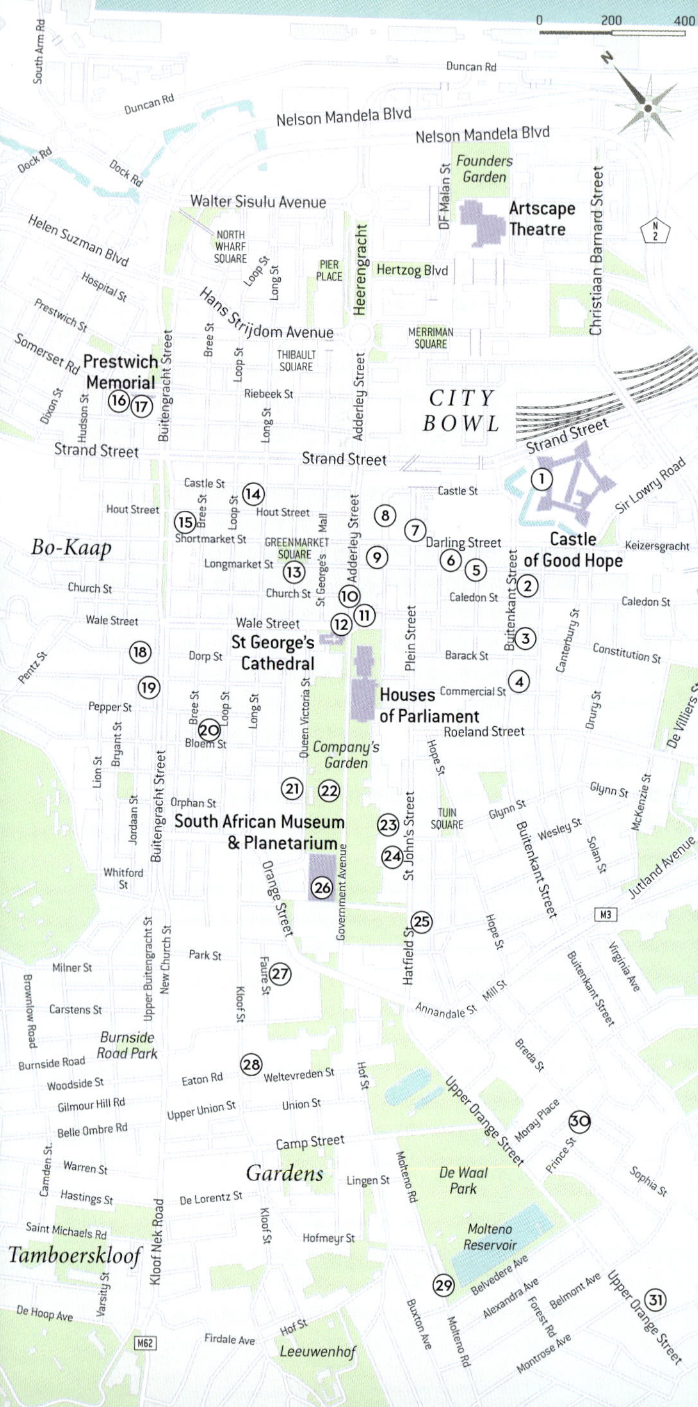

0
200
400 m
Duncan Rd
Nelson Mandela Blvd
Founders Garden
Artscape Theatre
Walter Sisulu Avenue
NORTH WHARF SQUARE
PIER PLACE
Heerengracht
Hertzog Blvd
Christiaan Barnard Street
Hans Strijdom Avenue
MERRIMAN SQUARE
THIBAULT SQUARE
Prestwich Memorial
CITY BOWL
Strand Street
Castle of Good Hope
Bo-Kaap
GREENMARKET SQUARE
St George's Cathedral
Houses of Parliament
Company's Garden
South African Museum & Planetarium
TUIN SQUARE
Burnside Road Park
Gardens
De Waal Park
Molteno Reservoir
Tamboerskloof
Leeuwenhof

City Bowl

① MAHNMAL ZUM GEDENKEN AN DEN ERSTEN WELTKRIEG *14*
② OLD GRANARY BUILDING *16*
③ VERBLIEBENE STEINPLATTEN DER SEVEN STEPS *18*
④ NIEDERLÄNDISCH-REFORMIERTE KIRCHE DER TAFELBERG-KONGREGATION *20*
⑤ „ONS IS NOG HIER"-MAHNMAL *22*
⑥ GLOCKENSPIEL IN DER CITY HALL *24*
⑦ WANDGEMÄLDE AM HAUPTPOSTAMT *26*
⑧ SPRINGBRUNNEN AM LIGHTFOOT MEMORIAL *28*
⑨ MULLERS OPTOMETRISTS *30*
⑩ HÖLZERNE PFLASTERSTEINE *32*
⑪ GRUFT VON OLOF BERGH *34*
⑫ POSTSTEINE *36*
⑬ WAPPEN AM ALTEN RATHAUS *38*
⑭ SLAVE CHURCH MUSEUM *40*
⑮ DER HERITAGE-REBSTOCK *42*
⑯ HISTORISCHE STRAßENBAHNSCHIENEN *44*
⑰ PRESTWICH MEMORIAL *46*
⑱ AUWAL-MOSCHEE *48*
⑲ *DUTCH MANOR ANTIQUE HOTEL* *50*
⑳ MANNENBERG MEMORIAL *52*
㉑ CENTRE FOR THE BOOK *54*
㉒ PUMPEN-BAUM *56*
㉓ LIBERMAN DOORS *58*
㉔ GESCHNITZTE NETSUKE-MINIATUREN *60*
㉕ BESITZTÜMER VON JOSHUA PENNY *62*
㉖ QUAGGA-FOHLEN *64*
㉗ VAN-OUDTSHOORN-GRUFT *66*
㉘ UBUNTU-BAUM *68*
㉙ MOLTENO POWER STATION *70*
㉚ HURLING-PUMPE *72*
㉛ STADTSFONTEIN *74*

MAHNMAL DES ERSTEN WELTKRIEGS

Ein Eichenkreuz aus einem französischen Wald

Links vom Haupteingang des Castle of Good Hope

An der äußeren Ringmauer des Castle of Good Hope hängt ein großes Kreuz aus Eichenholz aus dem Wald von Delville (Nordfrankreich), in dem viele südafrikanische Soldaten im Ersten Weltkrieg ihr Leben ließen. „Im Gedenken an die Offiziere und Soldaten aller anderen Ränge des 1. Regiments der Südafrikanischen Infanteriebrigade, die im Großen Krieg 1914–1918 fielen. Dieses Kreuz wurde von ihren überlebenden Kameraden ursprünglich in Frankreich aufgestellt."

Die Schlacht von Delville-Wald ist als eine der blutigsten überhaupt im kollektiven Gedächtnis Südafrikas verankert, in der Soldaten des Landes kämpften. Eine südafrikanische Brigade kämpfte als Teil der 9. (schottischen) Division 1916 an der Somme, namentlich in den Schlachten in den Wäldern von Trônes, Berfnay, Longueval und Delville. Die südafrikanische Brigade wurde in der Offensive nahezu vollständig ausgelöscht: von anfangs rund 4.000 Männern überlebten nur 29 Offiziere und 751 Soldaten. Der Buchenwald von Delville (der von der südafrikanischen Regierung später wieder mit Eichen und Birken aufgeforstet wurde) war dicht, undurchdringlich. Am 14. Juli startete General Douglas Haig, Kommandeur des britischen Expeditionskorps, eine Generaloffensive, um die deutsche Position zwischen Delville-Wald und Bazentin le Petit einzunehmen.

Die 1. Südafrikanische Infanteriebrigade trat hier erstmals an der Westfront an. Am 15. Juli gelang es ihr, Delville-Wald einzunehmen. Unter starken Verlusten hielten die Südafrikaner die Position bis zum 19. Juli. Da Ort und Wald jedoch eine Art Vorsprung bildeten, konnten sie von der deutschen Artillerie von drei Seiten beschossen werden. Den gesamten Juli und August über kam es zu erbitterten Kämpfen, in denen keine Seite einen entscheidenden Sieg erringen konnte.

Zwei Schweigeminuten mit Ursprung in Kapstadt

Die Idee, zum Gedenken an die Gefallenen des Ersten Weltkriegs zwei Schweigeminuten abzuhalten, wurde in Kapstadt geboren. Als am 14. Mai 1918 auf dem Signal Hill die Noon Day Gun abgefeuert wurde, stand die Stadt zwei Minuten lang still: eine Minute für die Verstorbenen, eine Minute für die Überlebenden. Seit 1919 haben die zwei Schweigeminuten am 11. November und am Remembrance Sunday (2. Sonntag im November) jeweils um 11 Uhr international Tradition.

OLD GRANARY BUILDING

②

Ein alter Kornspeicher mit bewegter Vergangenheit

Buitenkant Street – tutu.org.za

Nur wenige Passanten schenken dem Gebäude des Old Granary, das über zehn Jahre leerstand und verfiel, große Aufmerksamkeit. Ursprünglich wurde das Gebäude 1814 als Zollhaus errichtet. Es blickt auf eine bewegte Vergangenheit zurück und wurde als Polizeiwache, Kornspeicher, Postamt, Frauengefängnis, Bauamt und Kapstadts erstes (informelles) astronomisches Observatorium genutzt. Der im neoklassischen Stil errichtete Bau ist eines von wenigen erhaltenen Beispielen für ein öffentliches Gebäude, das von Sklaven erbaut wurde. Für die Entwürfe zeichnete der in Frankreich geborene Architekt Louis Michel Thibault verantwortlich, auf den viele der bedeutendsten Gebäude aus jener Zeit zurückgehen. Das Old Granary ist eines der letzten Gebäude, an deren Planung Thibault beteiligt war, bevor er 1815 an einer Lungenentzündung starb. Der deutsche Bildhauer Anton Anreith, einer der größten südafrikanischen Kunsthandwerker, der häufig mit Thibault zusammenarbeitete, entwarf den Giebel, an dem das britische Wappen zu sehen ist, sowie die Figuren von Britannia und Neptun an den Ecken des Gebäudes. Als Frauengefängnis erlebte es dunkle Zeiten. Eine der Insassinnen beschrieb es als „den of infamy" – Behausung der Schande.

Glücklichere Momente sah es als erste Basis für Fearon Fallows, einen jungen Astronomen aus Cambridge, der 1820 für den Aufbau eines Observatoriums nach Kapstadt entsendet wurde. Bei seiner Ankunft weigerten sich die Behörden, für seine Ausgaben aufzukommen oder ihm einen Ort für seine Instrumente zuzuweisen. Als der Schiffskapitän sie schon auf den Strand kippen wollte, griff der Bürgerrat ein und wies ihm einen Raum im Old Granary zu.

IN DER UMGEBUNG

Der Löwe und das Einhorn

Auf der Rückseite der Slave Lodge, neben dem Gebäude an der Parliament Street, befindet sich ein weiterer Giebel mit britischem Wappen, den Anreith augenscheinlich im selben Jahr schuf. Dem Sagen nach soll Anreith seine Arbeit bis zur Enthüllung verborgen gehalten haben, sodass die Briten geschockt gewesen sein dürften, als sie anstelle der üblicherweise stolzen heraldischen Figuren auf beiden Seiten des Wappens einen traurigen Löwen und ein tief bekümmertes Einhorn erblickten. Auf Nachfrage erklärte Anreith, es zeige Großbritannien nach Jahren der Kämpfe in den Napoleonischen Kriegen. Überraschenderweise gestatteten die Briten den Verbleib des Werks an Ort und Stelle – vielleicht eine Lektion für das moderne Südafrika, in dem unpopuläre Statuen gerne abgerissen werden.

VERBLIEBENE STEINPLATTEN DER SEVEN STEPS ③

Ein starkes Symbol für Vielfalt und Integration

District Six Museum
25A Buitenkant Street
021-466-7200
info@districtsix.co.za
Montag–Samstag von 9–16 Uhr

Die Seven Steps („sieben Stufen") an der Kreuzung Hanover Street/ Horsburg Lane (die heute beide nicht mehr existieren) waren einst ein berühmter Treffpunkt für junge Menschen. Die Hanover Street war die Hauptdurchgangsstraße durch das lebendige, bunte Viertel District Six, dessen symbolisches Herz die Steps waren.

Infolge des in Zeiten des Apartheidregimes erlassenen drakonischen Group Areas Act wurden People of Color in den 1960er- und 1970er-Jahren aus der Innenstadt verdrängt. Abgesehen von einigen wenigen Kultstätten wurde nahezu das gesamte Viertel samt seiner alten Straßen dem Erdboden gleichgemacht.

Der Ort, an dem sich einst die Seven Steps befanden, liegt nahe der Kreuzung Tennant Street/Keizersgracht auf dem Gelände der Cape Peninsula University of Technology (CPUT). Es gibt nichts, das an den alten Treffpunkt erinnern würde.

Wer sehen will, was von den Seven Steps übrigblieb, muss das District Six Museum besuchen. Zwei Steinplatten in einer Nische im zweiten Stock sollen von den originalen Stufen stammen. Um sie herum finden sich alte Fotografien und Zeichnungen, die das einst pulsierende Leben an diesem Ort zeigen. Sie vermitteln einen Eindruck der lebhaften Gemeinschaft, von Wohnungen über bunte Ladenfronten, gespannte Wäscheleinen, Straßenbahnen und Menschen auf den Straßen.

District Six war das Harlem von Kapstadt und eine der ersten Siedlungen für befreite Sklaven. Der Stadtteil stand für das Miteinander von Menschen unterschiedlicher Herkunft, für die Kreolisierung lokaler Kulturen – und war als solcher eine Bedrohung für die Apartheidregierung.

Die Seven Steps zählten zu den letzten Teilen von District Six, die entfernt wurden. Ein paar der Steinplatten wurden gerettet und in eine nahe Kirche gebracht. Heute sind sie im Museum zu sehen, in dessen Logo sie sich auch wiederfinden, und stehen als starkes Symbol für die Seele der District Six Community.

NIEDERLÄNDISCH-REFORMIERTE KIRCHE DER TAFELBERG-KONGREGATION

4

Eine einzigartige grüne Orgel

Ecke Buitenkant Street/Commercial Street – 021-461-2682
Gottesdienst: Sonntag um 9.30 Uhr

Das Gebäude an der Ecke Buitenkant Street/Commercial Street sieht nicht aus wie eine Kirche, sondern erinnert mit seinen drei Giebeln, seinen Dachfenstern und Erkern vielmehr an ein Kolonialhaus als an einen Sakralbau. Die Fassade ist ein bunter Mix aus verschiedenen Stilen. Das Innere indes wirkt erhaben, im Mittelpunkt steht eine außergewöhnliche Orgel.

Errichtet wurde der Gebäudekomplex mit Kirche, Cornelia House und William-Frederick-Schule ab 1892 für die Tafelberg-Kongregation (Architekt H.J. Jones), die Einweihung fand 1893 statt. 1984 folgte die Erklärung zum Nationaldenkmal.

Über eine steile Treppe betritt man die Kirche zwischen Erkerfenstern mit schnörkelverzierten flämischen Giebeln. Gleich dahinter erwartet den Besucher ein schmales Foyer mit Keramikfliesen, die biblische Symbole der Kreuzigung und des Verrats durch Judas zeigen. Eine hölzerne Wendeltreppe führt hinauf zu einer schmiedeeisernen Galerie und einer großen Haupthalle mit hoher Decke und einfachen Buntglasfenstern mit hellen Farbblöcken. Das Dach ruht auf Holzbalken und Fachwerkträgern mit Kleeblattmotiven. Die schöne Orgel wurde 1892 aufgestellt und verfügt über 1.164 Pfeifen und ein Buffet aus Walnussholz (das Innere wurde erneuert).

Die niederländisch-reformierte Kirche vom Tafelberg nutzte für ihre Missionsarbeit zunächst nur den Cornelia-Saal. Dieser war Teil eines Ensembles, das außerdem das angrenzende Gebäude (für indigene Frauen), die William-Frederick-Schule (1907 geschlossen) und eine Wohnung im zweiten Stock umfasste. Susanna Maria Hertzog hatte der Kirche die Gebäude in Erinnerung an ihre Eltern William Frederik Hertzog und Susanna Cornelia Hertzog (geb. Hiddingh) zur Nutzung überlassen. Einzige Bedingung: Sollte eine unabhängige Kongregation entstehen, sollte der Komplex an die niederländisch-reformierte Kirche übergeben werden.

Die Einweihungszeremonie fand am 27. Januar 1893 unter Leitung von Dr. J.J. Kotzé, Dr. Andrew Murray und Professor Marais statt. Cornelia Hertzog kam die Ehre zu, die Eingangstür zu entriegeln. Wenngleich seitdem regelmäßig Gottesdienste stattfanden, wurde die Tafelberg-Kongregation erst 1944, 47 Jahre nach Cornelias Tod, gegründet. Amtsältester Pfarrer der Kirche war Reverend J.D. Vorster (1935–1982), Bruder des früheren Premierministers und Staatspräsidenten John Vorster.

„ONS IS NOG HIER"-MAHNMAL ⑤

Ein Mosaik für mittellose Kinder

Ecke Longmarket Street/Parade Street

Hinter der Cape Town Public Library liegt ein bewegendes Mahnmal zu Ehren von 7.000 Kindern unterschiedlicher Herkunft, die lange nach Abschaffung der Sklaverei 1833 in der Kapkolonie als Arbeitsverpflichtete verkauft wurden.

2006 stieß Lance van Sittert vom Department of Historical Studies der Universität Kapstadt (UCT) auf Tausende zwischen 1841 und 1921 in der *Cape Government Gazette* veröffentlichte Werbeanzeigen für verwaiste und mittellose Kinder. Die oft mit „Mittelloses Kind" betitelten Mitteilungen listeten Name, Geschlecht, Ethnie und Alter der Kinder auf sowie woher sie kamen und teilweise die Gründe dafür, warum sie auf sich allein gestellt waren. Kinder, auf die innerhalb von sechs Wochen niemand Anspruch erhob, wurden gemäß Gesetz bei „geeigneten Personen" untergebracht. Einige der aufgeführten Kinder waren gerade einmal einen Monat alt.

Mithilfe von Preisgeldern des Donald Gordon Creative Arts Award schuf die lokale Mosaikkünstlerin Lovell Friedman 2011 ein Werk zum Gedenken an diese Kinder. Sie druckte die Werbeanzeigen auf Keramikkacheln, die aus der Ferne betrachtet das Abbild eines Kindes zeigen. Daneben finden sich, ebenfalls auf Keramiktafeln verewigt, Zeichnungen und Texte moderner Straßenkinder. Der Titel des Mahnmals ist an der Wand und an den drei davor aufgestellten Bänken in Afrikaans, Englisch und Xhosa zu lesen: „Ons is nog hier – We are still here – Siselapha".

Leider sind Kinderarbeit und Kinderarmut noch heute ein Problem in Südafrika. Das Mahnmal erinnert so nicht nur an eine brutale Episode der Vergangenheit, sondern auch an den mangelnden Schutz, den die Gesellschaft vielen Kindern noch heute bietet.

Weitere Mosaike von Lovell Friedman

Im Rahmen eines Projekts der Graswurzelbewegung Rock Girl zur Schaffung symbolischer sicherer Räume in einigen der ärmsten Viertel von Kapstadt beteiligte sich Lovell Friedman an den Entwürfen für Safe Spaces Benches in Manenberg, Gugulethu und Khayelitsha. Ein weiteres Mosaik befindet sich vor dem Cape Town International Convention Centre. Im Mitchell's-Plain-Krankenhaus finden sich Bänke und bunte Gänge mit hellen Herz- und Handmosaiken, die Lovell Friedman mit sieben von ihr unterwiesenen Mitgliedern der lokalen Bevölkerung fertigte. Gemeinsam mit Kindern der Grundschule des Kinderkrankenhauses des Roten Kreuzes in Rondebosch schuf Friedman die Kacheln für die Statue der Mutter Courage vor den neuen Gebäuden. Weitere Mosaiken von Lovell Friedman finden sich auf dem Gehweg an der Bushaltestelle neben dem Cape Town Stadium.

GLOCKENSPIEL IN DER CITY HALL ⑥

Ein selten gehörtes oder gesehenes Kriegerdenkmal

Cape Town City Hall, Darling Street
021-465-2029
Nur nach vorheriger Anmeldung
Eintritt frei

Das Rathaus von Kapstadt am Grand Parade ist weithin berühmt. Wenig bekannt hingegen ist, dass sich in dem 61 Meter hohen Turm direkt unter der (nach Vorbild des Londoner Big Ben entworfenen) großen Uhr ein Glockenspiel mit 39 Glocken befindet. Es handelt sich hierbei um das einzige funktionierende Glockenspiel auf dem afrikanischen Kontinent. Heute wird es nur noch selten gespielt, kann aber nach vorheriger Terminvereinbarung besichtigt werden.

Nur fünf Tage nach Waffenstillstand beantragte die Bürgermeisterin von Kapstadt, Anna Thorne, den Kauf dieses von Frauen für die Opfer des Ersten Weltkriegs in Auftrag gegebenen Mahnmals. Es war das erste Kriegerdenkmal in Form eines Glockenspiels. Später folgten viele weitere in den alliierten Ländern. Die Glocken tragen die Namen von Gebieten, in denen südafrikanische Truppen kämpften.

Gefertigt wurde es 1923 von der englischen Glockengießerei Taylor & Co in Loughborough. Die Glocken kosteten 3.300 Pfund (heute etwa 180.000 Pfund) und wurden von der Union Castle Mail Steamship Company kostenlos befördert. Die Einweihung erfolgte am 30. April 1925 anlässlich eines Besuchs des Prinzen von Wales. Die ersten Konzerte gab der belgische Glöckner Anton Brees. Als erstes Stück kam das Kirchenlied *Oh God, Our Help in Ages Past* zum Vortrag.

Das Glockenspiel kommt auf ein Gewicht von 15,5 Tonnen und ist in drei Lagen mit je zwei Glockenreihen angeordnet. Bedient wird es über eine Konstruktion (die wie eine Kreuzung aus Webstuhl und Orgel aussieht) mit Handstäben und Fußpedalen, die über ein komplexes Schnursystem mit den Glocken verbunden sind und das Spielen unterschiedlichster Stücke von Beethoven bis zu den Beatles ermöglichen. In einem Raum unter den Glocken befinden sich eine Übungs- und eine Haupttastatur sowie eine Vorrichtung zum Wechseln der Tonart, die an eine riesige Musikbox erinnert und die Möglichkeit bietet, zwei Sequenzen gleichzeitig zu spielen.

Der letzte, der das Glockenspiel spielte, war 2010 der deutsche Kirchenmusiker Ulrich Leykam.

Glockenmusik anlässlich der Freilassung von Nelson Mandela

Am 11. Februar 1990 bekam die Welt das Kapstädter Glockenspiel anlässlich der Freilassung von Nelson Mandela, der seine erste Rede als freier Mann vom Balkon des Rathauses hielt, zu Gehör.

WANDGEMÄLDE AM HAUPTPOSTAMT

⑦

Schöne Wandgemälde, die oft übersehen werden

Grand Central Building, Ecke Darling Street/Plein Street
021-464-1770
Montag–Freitag von 8–16.30 Uhr (Öffnung mittwochs um 8.30 Uhr)
Samstag von 8–13 Uhr, Sonntag geschlossen
Eintritt frei

Das General Post Office wird angesichts des gegenüberliegenden Old Mutual Building oft kaum eines Blickes gewürdigt. Beide Gebäude stammen aus derselben Zeit und wurden 1940 innerhalb weniger

Wochen eröffnet. Als bejubeltes Meisterwerk des Art déco lief das Old Mutual Building seinem Gegenüber schnell den Rang ab, wenngleich dessen Inneres einen Besuch allemal wert ist.

Drei Künstler erhielten den Auftrag, zur Ausgestaltung je zwei Wandgemälde mit historischen Szenen anzufertigen. Wenn Sie das Gebäude von der Lower Plein Street oder der Fußgängerzone neben dem Trafalgar Flower Market betreten, erwartet Sie eine lebendige Mischung aus Läden, Essensständen und Postkunden. An der Decke sehen Sie die sechs oft ignorierten Gemälde.

Die ersten beiden stammen von J.H. Amshowitz. Das erste zeigt die Ankunft von Jan van Riebeeck in der Tafelbucht. In seinem zweiten Gemälde ist das Castle of Good Hope gut zu erkennen. Bei der Frauengestalt handelt es sich um Lady Anne Barnard, die von 1797 bis 1802 als eine Art First Lady in Kapstadt lebte. Ihre detaillierten Tagebücher und Aquarelle vermitteln einen guten Eindruck vom Leben am Kap im frühen 19. Jahrhundert.

Der zweite Künstler, G.W. Pilkington, zeichnet für das Gemälde *Mail Boat Arriving at Table Bay Docks* verantwortlich, das wohl bedeutendste für das Postamt, da die Union-Castle-Reederei eine wöchentliche Verbindung zwischen England und Kapstadt unterhielt. An derselben Wand findet sich das Gemälde *The Landing of the 1820 Settlers at the Cape Colony*. Es erzählt die Geschichte von 4000 Siedlern, die von der britischen Regierung zur Emigration nach Südafrika ermutigt wurden, um einerseits der Arbeitslosigkeit in England beizukommen und zugleich die Anzahl der englischen Muttersprachler in der Kapkolonie zu erhöhen.

Die Wände beiderseits des Postbereichs wurden von Sydney Carter mit zwei der Architektur gewidmeten Gemälden zum Leben erweckt: *Cape Dutch Architecture* zeigt Giebelhäuser in ländlicher Umgebung, *The Malay Quarter* zeigt die farbenfroh gestrichenen Häuser im Stadtteil Bo-Kaap.

Halten Sie Ausschau nach dem rot umrandeten Poststein in einer der Mauern nahe dem Eingang aufseiten der Fußgängerzone. Er stammt aus dem Jahr 1622 und trägt die Inschrift „here under look for letters“ – „hierunter nach Briefen sehen“. Nähere Informationen zum System der Poststeine finden Sie auf Seite 36.

SPRINGBRUNNEN AM LIGHTFOOT ⑧ MEMORIAL

Erinnerung an einen Kapstädter Helden

Blumenmarkt am Trafalgar Place
Ecke Trafalgar Street/Parliament Street

Gut versteckt hinter den Blumenhändlern der Adderley Street liegt, von vielen unbemerkt, der Lightfoot Memorial Fountain. Das Denkmal ist in Form eines Trinkbrunnens gestaltet und wurde 1907 enthüllt. Nicht mehr in allerbestem Zustand erinnert es an den Erzdiakon Thomas Lightfoot (1831–1904), der als Missionar unermüdlich für die Armen der Stadt kämpfte. Lightfoot arbeitete mit Menschen jeder Herkunft und kulturellen Zugehörigkeit und setzte sich Zeit seines Lebens gegen Diskriminierung und für Kranke ein.

Thomas Lightfoot wurde in England geboren und arbeitete dort später als Drucker und Zeitungsreporter. 1853 fühlte er sich berufen, den Weg als Missionar einzuschlagen; 1857 wurde er zum Diakon geweiht. Ein Jahr später, im Alter von 27 Jahren, kam er mit dem Schiff nach Kapstadt. Nach einiger Zeit in der St. Paul's Church in der Bree Street begann er, sein Leben der Missionsarbeit für die arme Stadtbevölkerung zu widmen. Er arbeitete unermüdlich und erhielt schon bald den Spitznamen „The Southeaster" (wörtl. „der Südöstliche", in Anspielung auf den auch als Cape Doctor bezeichneten Südostwind in der Gegend um Kapstadt).

Lightfoot war Mitbegründer der kostenlosen Suppenküchen und Schlafplätze für Obdachlose. Er steckte all sein Geld, einschließlich seines kargen Salärs, in die Speisung Bedürftiger. Er lernte Niederländisch und Xhosa und übersetzte Teile des englischen Gebetbuchs ins Niederländische. Er eröffnete eine Handwerkerschule und arbeitete mit den Häftlingen der Gefängnisse Roeland Street und Breakwater. Während der großen Fieberepidemie 1867 kümmerte er sich um die Kranken. Eine Abteilung des Somerset Hospital wurde nach ihm benannt.

1870 wurde Lightfoot Kanoniker, 1885 Erzdiakon von Kapstadt. Er starb am 12. November 1903 im Alter von 73 Jahren vermutlich an den Verletzungen, die ihm nahe dem Ort, an dem heute sein Denkmal steht, der Southeaster zufügte. Um seinen Tod zu verkünden, wurde die Glocke der neuen St. George's Cathedral eine Stunde lang geläutet. Bei seiner Beisetzung folgten mehr als 4000 Menschen seinem Sarg in die St. Paul's Church. Drei Züge wurden benötigt, um die Trauernden zum Friedhof zu bringen. Nie zuvor hatte Kapstadt eine solche Trauerfeier gesehen, selbst 1902 nicht, als Cecil John Rhodes' Leichnam zu seiner Überführung nach Rhodesien (das heutige Simbabwe) durch die Straßen defilierte.

Der drei Meter hohe Springbrunnen aus rotem Veroneser Marmor ist eine Kopie des Originals aus dem 14. Jahrhundert auf dem Marktplatz von Verona.

MULLERS OPTOMETRISTS

⑨

Der erste Optiker Südafrikas in einem schönen Art-déco-Gebäude

104 Longmarket Street
Montag–Freitag von 8–17 Uhr, Samstag von 9–13 Uhr

In dem auffälligen schwarz-weißen Art-déco-Gebäude an der ruhigen Ecke Longmarket Street/Parliament Street befindet sich das erste Optikergeschäft Südafrikas. Das familiengeführte Unternehmen Mullers wurde von dem 22-jährigen Deutschen Joseph Muller gegründet, der als erster ausgebildeter Optiker 1890 nach Kapstadt kam. Zwei seiner fünf Söhne sowie drei seiner Enkelsöhne folgten ihm später. Sein Urgroßenkel Peter Muller ist heute ebenfalls Optiker und Mitinhaber des Unternehmens.

Joseph Muller verband seine Tätigkeit als Optiker zunächst mit einem Uhrmacher- und Juweliergeschäft. 1920 zog er mit seinem Laden ganz aus der Nähe in die aktuellen Räume um. Die in schwarzem Schiefer und Chrom gestaltete Fassade geht auf Entwürfe von Frank Spears zurück, einen britischen Maler, Rundfunksprecher und Bootsdesigner, der in den kulturellen Kreisen der Stadt damals in aller Munde war. Arbeiten des ausgebildeten Geschäftsfront-Designers zierten einst die Fassaden zahlreicher Gebäude der Stadt, wobei Mullers wohl das vollkommenste noch existierende Beispiel ist.

Das Innere präsentiert sich noch immer fast wie vor 100 Jahren und beherbergt heute ein kleines Museum über die Geschichte der Augenheilkunde in Kapstadt mit Fotografien, historischen Gerätschaften, einem frühen Untersuchungsstuhl, einem alten Kurbeltelefon, antiken Möbeln und einem der ältesten noch funktionierenden Aufzüge der Stadt. Uhren aus der Zeit, als Mullers auch noch Uhren fertigte, sind nach wie vor in Nutzung. Der Name Joseph Muller war der 79. Eintrag im Register der britischen Optikervereinigung (BOA), die 1895 als erster Berufsverband für Augenoptiker weltweit gegründet wurde. Sein Diplom, unterzeichnet vom ersten Präsidenten und Sekretär der BOA, ist im Museum zu sehen. Mullers sorgfältige Aufzeichnungen lesen sich wie eine Chronik der Entwicklung der Augenheilkunde in Südafrika. Viele Namen berühmter Patienten sind darin zu finden, von Sir Joseph Milner, Gouverneur der Kapkolonie bis 1899, über zahlreiche Minister und Politiker bis hin zu Sir Walter Hely-Hutchinson, Generalgouverneur von Natal bis 1901. Heute gibt es in Kapstadt sechs Filialen von Mullers.

Aufgrund seiner Nähe zum Parlament wurde Mullers Zeuge zahlreicher Meilensteine der südafrikanischen Geschichte, von der Kolonialzeit bis zur Freilassung von Nelson Mandela. Peter Mullers Großonkel musste das Geschäft im Ersten Weltkrieg gegen antideutsche Mobs verteidigen. Während der Proteste in den 1970er- und 1980er-Jahren abgefeuerte Gummigeschosse hinterließen noch heute sichtbare Einschläge in der Fassade.

HÖLZERNE PFLASTERSTEINE

Mehr als 150 Jahre alte, originale Holzpflastersteine

Ecke Adderley Street/Spin Street vor der Groote Kerk

Als an der Adderley Street ein Fahrradweg eingerichtet wurde, trat unter dem Straßenbelag ein kleines Stück hölzerner Pflastersteine zutage, die nach Abschluss der Bauarbeiten in Erinnerung an frühere Zeiten neu verlegt wurden.

Im August 2010 stießen Bauarbeiter im Zuge der Modernisierung der Geh- und Radwege beim Aufbrechen des Fahrbahnbelags auf ein dicht an dicht verlegtes Holzpflaster. Die Stadtverwaltung von Kapstadt und die Denkmalschutzbehörde Heritage Western Cape vereinbarten, dass ein Teilstück dieser Straße aus dem Jahr 1856 nahe der Groote Kerk für Einheimische und Besucher erhalten bleiben sollte.

Ein Spezialistenteam wurde beauftragt, einen zehn Meter langen und einen Meter breiten Abschnitt dieser Pflaster„steine" neu zu verlegen. Hierfür wurden diese zunächst von Hand entfernt und in ihrer ursprünglichen Anordnung in eine Art hölzernes Tablett gelegt, das für die Zeit der Straßenarbeiten gut geschützt gelagert wurde.

Gegen Ende der Bauarbeiten wurde ein Sandbett angelegt, das die hölzernen Pflastersteine nahe der Stelle, an der sie gefunden wurden, im Gehweg wieder aufnahm. In die Fugen wurde zur Versiegelung eine Mischung aus Bitumen und Sand gefüllt. Das Holz wurde mit transparentem Harz imprägniert.

Bevor die Straßen Kapstadts mit eng nebeneinander verlegten Pflastersteinen befestigt wurden, bestanden sie aus bloßer Erde. Später wurden die Steine durch Eingießen von Bitumen versiegelt und schließlich mit Asphalt bedeckt. Holzpflaster waren in Kapstadt eher unüblich und kamen für gewöhnlich zum Einsatz, um den von Pferdehufen und eisenbeschlagenen Kutschenrädern verursachten Lärm zu dämpfen.

Die Tatsache, dass diese Holzsteine vor der Groote Kerk gefunden wurden, deutet darauf hin, dass sie auch hier zur Lärmbekämpfung verlegt wurden. Die Adderley Street war die Drehscheibe Kapstadts, an der es von Pferdefuhrwerken, Karren und Kutschen nur so wimmelte.

Welches Holz für das Pflaster verwendet wurde, ist nicht belegt, vermutlich handelte es sich jedoch um Jarrah oder Reste von Schiffswracks. In nordeuropäischen und -amerikanischen Städten kam für holzgepflasterte Straßen oft norwegische Kiefer zum Einsatz.

GRUFT VON OLOF BERGH

⑪

Grabstätte eines der erfolgreichsten Halunken Kapstadts

Groote Kerk
Parliament Street
Montag–Freitag von 10–14 Uhr
Eintritt frei

Als älteste Kirche Südafrikas ist die Groote Kerk eines der berühmtesten Bauwerke von Kapstadt. Besuchern der Kirche fallen direkt die große Kirchenorgel – die größte im ganzen Land – sowie die reich geschnitzte Kanzel des Bildhauers Anton Anreith ins Auge. Das kleine Stück Batavia-Speckstein nahe dem Eingang indes, mit der einfachen Inschrift „O. Bergh 3", dürfte wohl kaum irgendjemandes Neugier wecken. Über 200 prominente Kapstädter wurden in Gruften unter der Kirche beigesetzt, darunter acht Gouverneure. Simon van der Stel, erster Gouverneur von Kapstadt, ruht unter der Kanzel, und auch der Pickled Baron (s. S. 67) fand hier seine letzte Ruhestätte, wenngleich sein Grabstein an der Außenwand hängt. Von der Gewohnheit, wohlhabende Kirchgänger unter Gotteshäusern zu bestatten, wo ihre sterblichen Überreste dann langsam verwesten, soll die Redewendung „stinkreich" herrühren. Und das war Olof Bergh, vor dessen Grab wir hier stehen. Bergh kam 1676 als kühner junger Sergeant der Niederländischen Ostindien-Kompanie (VOC) nach Kapstadt. Van der Stel schickte ihn auf viele Missionen wie die Rettung der Ladung eines englischen Schiffes, der *Joanna*, das 1682 nahe Gansbaai sank. Auch 1686, als das portugiesische Schiff *Nossa Senhora de los Milagros*, an Bord Geschenke des Königs von Siam für die Könige von England, Frankreich und Portugal, vor Kap Agulhas Schiffbruch erlitt, berief van der Stel Bergh in das Rettungsteam. Als die Männer dem Rat nach ihrer Rückkehr nach Kapstadt jedoch nur einige wenige verschmutzte Schmuckstücke überreichten, begann die Gerüchteküche zu brodeln, und als einer der Retter einem Einheimischen mehrere Wertgegenstände verkaufte, durchsuchten Beamte der VOC Berghs Garten und fanden dort vergrabenes Raubgut. Bergh gab seine Beteiligung an dem Diebstahl zu, zog van der Stel jedoch unvorsichtigerweise mit in die Geschichte hinein, indem er behauptete, der Gouverneur sei im Bilde und habe ihm befohlen zu schweigen. Bergh wurde auf Robben Island inhaftiert und arbeitete später für die VOC in Ceylon. 1695 kehrte er als Captain nach Kapstadt zurück. Er wurde begnadigt und zum Kommandeur der Garnison ernannt. Als Bergh im Alter von 80 Jahren starb, war er einer der wohlhabendsten Männer und mächtigsten Großgrundbesitzer der Stadt – erstaunlich angesichts der üblichen Angestelltengehälter der VOC …! Aus dem Nachlass von van der Stel kaufte Bergh sogar das Weingut Constantia. Wie sein früherer Vorgesetzter starb auch er dort und wurde ein paar Schritte weiter in derselben Kirche beigesetzt.

POSTSTEINE

Ein ausgeklügeltes Versandsystem für Briefe in die Heimat aus dem 17. Jahrhundert

Slave Lodge
Ecke Adderley Street/Wale Street
021-467-7229
iziko.org.za/museums/slave-lodge
Öffnungszeiten: nähere Informationen auf der Website

In der Slave Lodge, dem zweitältesten Gebäude von Kapstadt, befinden sich in einem am Hof gelegenen Raum sechs Steine. Diese sogenannten „Poststeine" werden beim Gang durch das Museum leicht übersehen.

Fünf dieser Steine stammen aus dem frühen 17. Jahrhundert: Eine Reise von Europa nach Kapstadt dauerte damals mehrere Monate, sodass die Seeleute die Gelegenheit für einen Zwischenstopp, an dem sie ihre Vorräte für den nächsten Reiseabschnitt gen Osten auffüllen konnten, dankbar annahmen. An erster Stelle standen, rund fünf Jahrzehnte vor jeglicher Form europäischer Siedlungstätigkeit, frisches Wasser und der Handel mit den einheimischen Khoi und San. Die Poststeine waren ein schlaues Konzept, das Seefahrern die Möglichkeit bot, Briefe in die Heimat zu schicken. Hierzu wurden diese unter die Poststeine gelegt und von Schiffen auf der Rückreise, die ebenfalls zu Verpflegungszwecken einen Zwischenstopp einlegten, eingesammelt und mitgenommen.

Für gewöhnlich trugen die Poststeine den Namen des Schiffs, des Kapitäns sowie das Datum von Ankunft und Abfahrt. Bisweilen wurden sie auch mehrfach verwendet, weshalb auf einigen von ihnen zwei Inschriften zu lesen sind. Trotz der vielen französischen Schiffe, die Kapstadt passierten, wurde bislang nur ein einziger Poststein mit französischer Inschrift gefunden: „David Digaed, angekommen aus Dieppe, 8. Februar 1640". Derselbe Stein wurde zuvor bereits von den Niederländern genutzt, wie aus der niederländischen Inschrift aus dem Jahr 1633 auf der Rückseite hervorgeht. Die Geschichte der Poststeine nimmt in unserem kulturellen Erbe einen besonderen Platz ein. Mit Ausnahme des Steins aus der Mossel Bay – dem eingravierten Jahr 1505 nach der bislang älteste – wurden alle in der Nähe von Kapstadt gefunden, wo stets irgendjemand zufällig bei Straßen- oder sonstigen Baumaßnahmen über sie stolperte. Man kann von Glück sagen, dass die Arbeiter sich die Mühe machten, sie an die Behörden zu übergeben.

Ein weiterer Poststein

Halten Sie beim Besuch des Post Office mit seinen Wandgemälden (s. S. 26) Ausschau nach dem dortigen Poststein. Sie finden ihn, rot umrandet, in einer Ecke des Gebäudes aufseiten der Fußgängerzone nahe dem Ausgang zur Fußgängerpassage. Er stammt aus dem Jahr 1622 und trägt die Inschrift „here under look for letters" – „hierunter nach Briefen sehen". Die Jahreszahl 1629 weiter unten verweist auf eine erneute Nutzung des Steins.

WAPPEN AM ALTEN RATHAUS 

Das erste Wappen Südafrikas

Greenmarket Square

Greenmarket Square ist mit seinen alten Gebäuden und seinen bunten Marktständen ein Fest für die Augen. Oft bleibt dabei kaum ein Blick für das erste südafrikanische Wappen, das je verwendet wurde. Wenn Sie den Blick vor dem alten Rathaus, dem Old Town House, nach oben wenden, sehen Sie einen roten Schild mit drei goldenen Kreisen auf einem Anker. Dieses Wappen wurde 1804 vorgestellt.

Im frühen 19. Jahrhundert erlebte die Kapkolonie bewegte politische Zeiten. Nach dem Ende der alten Republik der Niederlande übernahm von 1803 bis 1806 die revolutionäre batavische Republik, die diese in Holland abgelöst hatte, die Kontrolle über Kapstadt. Der neue Generalkommissar, Jacob de Mist, wurde zur Einführung neuer Vorschriften und Einsetzung holländischer Beamten nach Kapstadt entsandt. Für de Mist waren Tradition und Heraldik von großer Bedeutung. So wurde am 3. Juli 1804 in einer großen Zeremonie mit Fanfaren, Reden und einem üppigen Bankett in Anwesenheit zahlreicher Würdenträger das Wappen enthüllt. Der Anker steht für die Gute Hoffnung und den Wunsch nach künftigem Reichtum und Wohlstand der Siedlung. Diese wird geschützt von dem roten Schild mit drei goldenen Ringen, dem Wappen der Familie van Riebeeck (Jan van Riebeeck galt seinerzeit als Gründungsvater der Siedlung). Die Tatsache, dass Jan van Riebeeck über ein eigenes Familienwappen verfügte, zeugt von der Bedeutung seiner Familie.

Neun Jahre zuvor hatte die batavische Regierung in den Niederlanden selbst alle Wappen als der Gleichheit abträglich abgeschafft, sodass es durchaus bemerkenswert erscheint, dass gerade Vertreter der batavischen Republik diese an einem Ort einführten, an dem es sie nie zuvor gegeben hatte.

Das alte Town House ist eines der eindrucksvollsten Beispiele der Architektur des 18. Jahrhunderts und dass gerade dieses Gebäude für das erste Wappen ausgewählt wurde, überrascht kaum, steht es doch für den Beginn einer eigenen südafrikanischen Lokalverwaltung. 1657, als die Niederländische Ostindien-Kompanie (VOC) ihre Ausgaben zu verringern suchte, schenkte sie ausgewählten Angestellten „freies Land" und machte diese damit zu freien Bürgern. Der Beginn dauerhafter Siedlungstätigkeit am Kap. Schon bald wurde ein Stadtrat benötigt und das Town House wurde für ein Jahrhundert, bis zur Fertigstellung der neuen City Hall am Grand Parade 1905, Sitz der Lokalverwaltung.

Interessant ist, dass das nächste Wappen der Kapkolonie, zu sehen an der heutigen City Hall, noch immer die drei goldenen Ringe aufwies.

SLAVE CHURCH MUSEUM

Südafrikas älteste Missionskirche

40 Long Street
Montag–Freitag von 9–16 Uhr
Eintritt frei

Es ist eines der ältesten und schönsten Gebäude an der Long Street. Ein Blick in das Gästebuch des Slave Church Museum zeigt jedoch, dass sich nur wenige Besucher an diesen Ort verirren. 1802 wurde die älteste Missionskirche Südafrikas und drittälteste noch in ihrer ursprünglichen Form erhaltene Kirche überhaupt fertiggestellt – Kapstadts erste Kirche, die Groote Kerk, wurde 1841 nahezu komplett neu errichtet.

Das südafrikanische Missionarsinstitut (Sendingsgestig) wurde 1799 von vier Missionaren – zwei Niederländern, zwei Engländern – gegründet, die von der Londoner Missionargesellschaft zur Förderung der Missionsarbeit nach Kapstadt entsendet worden waren. Das Sendingsgestig verstand es dabei nicht etwa als seine Aufgabe, Gottesdienste abzuhalten, sondern bot Alphabetisierungs- und Bibelkurse für die „Heiden" Kapstadts an, allen voran die Sklaven, was ihr den Namen „Sklavenkirche" eintrug.

Erbaut wurde die Kirche von Maurermeister Johan Gottfried Mocke und Zimmermeister Joseph van Schalkover sowie Sklaven und freien schwarzen Bürgern. Es war die erste südafrikanische Kirche, die in Form einer Basilika mit halbrunder Apsis errichtet wurde. Außen prägen neben einem kapholländischen Giebel mit vier Schalen und einer Vordertreppe aus Robben-Island-Schiefer korinthische Säulen und ein gezahntes Gesims das Bild. Zudem trägt der Bau das einzige verbleibende Beispiel eines Kalkbetondachs, das jährlich mit Walöl abgedichtet wurde.

Im Inneren finden sich Bänke aus Eichenholz, eine Orgel und eine neoklassische Kanzel mit zwei Aufgängen. Zwei elegante Teaksäulen (aus einem Schiffsmast) tragen die Hauptgalerie aus Yellowwood und Teak. Der Vorbau war als Windfang bekannt, da die drei Türen je nach Windrichtung geöffnet oder geschlossen werden konnten.

In den 1950er- und 1960er-Jahren wurde infolge der Rassentrennung in der Stadt ein Großteil der Kongregation in die Cape Flats umgesiedelt; das Gebäude verfiel. Als es 1971 verkauft wurde, stand ein Abriss zur Debatte. 1977 stürzte ein Teil der nördlichen Mauer ein. Glücklicherweise beschloss die Provinzverwaltung 1978 den Wiederaufbau. Eine Zeichnung der Originalfassade aus dem Jahr 1830 war dabei eine große Hilfe.

IN DER UMGEBUNG

Kapstadts ältester Personenaufzug

Gleich nebenan, im Foyer des 1895 als *Hotel Metropole* eröffneten *Grand Daddy Hotel*, befindet sich der älteste noch in Betrieb stehende Aufzug. Ganz oben auf dem Dach finden Sie den einzigen Rooftop-Trailerpark der Stadt, wo Sie in von lokalen Künstlern individuell gestalteten Airstream-Wohnwagen übernachten können.

DER HERITAGE-REBSTOCK 

Der vermutlich älteste weinerzeugende Rebstock der südlichen Hemisphäre

Ecke Bree Street/Shortmarket Street
Zugang zum Innenhof über das Heritage Square Hotel
Eintritt frei

In einem von historischen Townhouses umgebenen Hof wächst ein alter Rebstock, der noch immer Jahr für Jahr einige Liter Wein hervorbringt. Schätzungen zufolge wurde er 1771 gepflanzt. Damit ist er nicht nur der älteste Rebstock Südafrikas, sondern zugleich der älteste weinerzeugende Rebstock der gesamten südlichen Hemisphäre.

Die Weinerzeugung in Kapstadt geht zurück auf die ersten niederländischen Siedler. Seinerzeit war der durch Vitamin-C-Mangel hervorgerufene Skorbut für Seemänner die größte Bedrohung. Aus diesem Grund wurde 1652 Jan van Riebeeck nach Kapstadt entsandt, um dort eine Verpflegungsstation aufzubauen. Kommandeur van Riebeeck hatte in Batavia als Chirurgieassistent gearbeitet und glaubte (fälschlicherweise), dass Wein Skorbut heilen könne. Entsprechend war eine der ersten Maßnahmen nach seiner Ankunft, Rebstöcke anpflanzen zu lassen. Sieben Jahre später, am 2. Februar 1659, schrieb er in sein Tagebuch: „Heute wurde, Gott sei gedankt, erstmals Wein aus Kaptrauben gemacht." Den Rebstöcken aus dem Company's Garden war kein langes Leben vergönnt. Schon bald zog der Weinbau zunächst nach Constantia, dann weiter nach Franschhoek, Paarl und Stellenbosch.

Die Bürger von Kapstadt pflanzten jedoch weiter Rebstöcke in ihren Gärten an und erzeugten ihren eigenen Wein. So verhielt es sich vermutlich auch mit dem Rebstock im Heritage Square. Die Townhouses wurden 1771 errichtet. Der erste Hausherr schrieb 1785 in sein Tagebuch: „Wein getrunken unter dem Rebbaum." 2008 (223 Jahre später) brachte der Rebstock erneut 15 Liter exzellenten Wein hervor, gekeltert vor Ort und abgefüllt unter dem Etikett „Heritage 1771".

Dass der Rebstock die Zeit bis heute überdauert hat, grenzt an ein Wunder. Mitte des 19. Jahrhunderts fiel in der Großen französischen Weinfäule die Reblaus (Phylloxera) über die europäischen Weinberge her. 1866 erreichte Phylloxera Kapstadt und führte auch dort zu starken Verwüstungen. Vermutlich aufgrund seiner isolierten Lage blieb der Heritage-Rebstock verschont und überlebte als einer von wenigen original französischen Vinifera-Wurzelstöcken bis heute.

In den 1960er-Jahren waren die Townhouses vom Abriss bedroht. Mehr als ein Jahrzehnt über fristete der Square ein Dasein in Verlassenheit. Der Rebstock überlebte allein durch Regenwasser. 1987 begann der neu gegründete *Cape Town Heritage Trust* mit der Renovierung. Der Heritage-Rebstock ist so alt, dass die Sorte nicht mehr genau bestimmt werden kann. Erste Forschungsergebnisse deuteten auf Crouchen Blanc hin, eine der ersten Sorten, die aus den westlichen Pyrenäen nach Kapstadt gelangten. Die Analyse von durch den Weinbauer Jean Vincent Rindon an das französische Nationalinstitut für landwirtschaftliche Forschung übersendeten Proben ergab jedoch, dass es sich um Gros Chenin, besser bekannt als Chenin Blanc, handeln dürfte.

HISTORISCHE STRAẞENBAHNSCHIENEN

⑯

Relikt eines fast vergessenen Transportnetzes

St. Andrews Square – Ecke Somerset Road/Buitengracht Street

An einem ruhigen Platz mitten auf einer der belebtesten Straßenkreuzungen der Stadt wurde während der Bauarbeiten am Prestwich Memorial 2007 ein gut erhaltenes Stück alter Straßenbahnschienen entdeckt. Diese sind ein Relikt eines fast vergessenen Transportnetzes. Die

erste Pferdestraßenbahn in Kapstadt nahm 1863 ihren Betrieb auf und verkehrte von der Adderley Street über diesen Teil der Somerset Road bis zum Green Point. 1896 wurde sie elektrifiziert und ab dem 9. November 1901 über Sea Point zur Camps Bay verlängert. Eine zweite Linie von Kapstadt über Kloof Nek nach Camps Bay wurde exakt ein Jahr später in Betrieb genommen. Beide Linien waren technische Meisterleistungen, denn die Bahnen mussten steile Anstiege überwinden und scharfe Kurven meistern, um die Fahrgäste einmal im Kreis um den Berg zu befördern. Die zwölf Meilen lange Rundfahrt dauerte nur gut 40 Minuten und wurde in einem alten Stadtführer als „zweifelsohne schönste Fahrt der Welt“ bezeichnet. Im Ausland wurden die Straßenbahnen als zentrale Touristenattraktion angepriesen, und sogar Mitglieder der britischen Königsfamilie machten sich mit ihr auf die Fahrt nach Camps Bay. Wahrer Zweck der neuen Linie war jedoch die Anbindung von Camps Bay, um Bauland verkaufen zu können. Diese Pläne wurden indes durch die Wirtschaftskrise nach dem Zweiten Burenkrieg zunichtegemacht. 1902 kehrten 27.000 Menschen Kapstadt den Rücken. Die Grundstückspreise in Camps Bay blieben niedrig, und die Straßenbahnen warfen weniger Profite ab als erhofft. Die letzte Camps Bay Tram fuhr am 16. Februar 1930. Wiederverwendbare Teile kamen beim Bau der neuen Trolleybusse zum Einsatz, von Einheimischen als „schienenlose Trams“ bezeichnet. Die Trolleybusse verkehrten bis 1939. Das alte Kraftwerk der Camps Bay Tram steht noch heute und beherbergt heute das Theatre on the Bay.

Die alte Straßenbahnstrecke

Fahrgäste konnten mit dieser Tramlinie ohne Umstieg von der Innenstadt nach Camps Bay fahren. Mit Start in der Adderley Street ging es über die Wale Street und die Buitengracht zur Ecke Burnside Road. Hier bog die Linie auf die Kloof Nek Road ein und führte über den Nek. Die Endhaltestelle befand sich unten in Camps Bay vor dem *Rotunda Hotel* in der Victoria Road (dem heutigen Fünf-Sterne-Hotel *Bay*). Zurück nach Kapstadt über Sea Point ging es entlang der Kloof Road erneut auf die Strecke am Main Road Sea Point an der Kreuzung Regent Road. Von dort fuhren die Trams die Somerset Road und Waterkant hinunter, bogen kurz in die Long Street ein und gelangten schließlich über die Strand Street zurück nach Adderley.

PRESTWICH MEMORIAL

Die Knochen der vergessenen Toten von Kapstadt

Ecke Buitengracht Street/Somerset Road
021-418-0073
Montag–Freitag von 7–17 Uhr, Samstag/Sonntag von 8–13 Uhr

Das Prestwich Memorial ist ein skurriles Gebäude mit einer Fassade aus Robben-Island-Schiefer in einem Garten am St. Andrew's Square. Es beherbergt ein Beinhaus und eine Vielzahl von Informationsdisplays, darunter eines, das eine Kopie des 360-Grad-Panoramas der Tafelbucht von Robert Gordon 1778 zeigt.

In diesem modernen Ossuarium ruhen über 2.500 Verstorbene. Die Skelette wurden während Bauarbeiten an der Ecke Prestwich Street/ Albert Street gefunden und exhumiert. Es wird vermutet, dass in den nicht gekennzeichneten Gräbern Bedienstete, Sklaven und Waschfrauen sowie Matrosen bis hin zu all jenen ihre letzte Ruhestätte fanden, die von der Kolonialregierung zwischen der zweiten Hälfte des 18. Jahrhunderts und dem späten 19. Jahrhundert hingerichtet wurden. Ihre sterblichen Überreste geben Aufschluss darüber, dass es sich um Menschen unterschiedlichster Kulturen, Abstammungen und Religionen handelte: ein Mikrokosmos des multikulturellen Kapstadt.

Vielen Menschen wurde in der Kolonialzeit der Zugang zu Kirchhöfen verweigert. Sie wurden in anonymen Gräbern auf inoffiziellen Friedhöfen bestattet. Das Prestwich Memorial erweist diesen vergessenen Menschen die letzte Ehre und erinnert an das Erbe der Sklaverei in der Stadt. Ihre sterblichen Überreste befinden sich in Boxen auf Regalen, viele von ihnen mangels Identitätsnachweis nur mit einer Nummer.

Die Stadtteile Green Point und De Waterkant waren lange Zeit Schauplatz heftiger Klassen- und Rassenkonflikte. In der frühen Kolonialzeit wurden hier die „Unerwünschten" beigesetzt. In den 1820er-Jahren wurde das Gebiet aufgeteilt, stückchenweise verkauft und in den Kern der wachsenden Stadt eingebunden. In den 1960er-Jahren wurden Schwarze und People of Color in die Cape Flats zwangsumgesiedelt.

Bei Bauarbeiten traten dann 2003 menschliche Knochen zum Vorschein. Wie vom Gesetz (dem Heritage Resources Agency Act) vorgeschrieben, wurden die Arbeiten unterbrochen. Archäologen der Universität Kapstadt wurden mit der Untersuchung des Geländes beauftragt.

Die Exhumierung begann trotz eines noch nicht abgeschlossenen öffentlichen Anhörungsverfahrens, was zu weiteren Konflikten zwischen Wissenschaftlern, zivilgesellschaftlichen Gruppen, Investoren und Regierungsvertretern führte. Schließlich wurde eine Lösung gefunden, der die meisten Beteiligten zustimmten. Die Stadt Kapstadt genehmigte die Finanzierung und den Bau eines Ossuariums auf einem nahen Grundstück. So entstand das Prestwich Memorial samt Besucherzentrum als Gedenkort zur Erinnerung an all die namenlosen Menschen, die einst am Aufbau der „Mutterstadt" beteiligt gewesen waren.

AUWAL-MOSCHEE

Südafrikas erste und älteste Moschee

34 Dorp Street
Besucher sind willkommen, werden jedoch gebeten, lange Hosen oder Röcke zu tragen, die Köpfe zu bedecken und vor dem Betreten die Schuhe auszuziehen
Täglich von 6–20 Uhr. Von einem Besuch während der Gebete sollte abgesehen werden
Gebetszeiten: 13 Uhr, 16 Uhr, 18.15 Uhr und 19.30 Uhr

Das kleine Viertel Bo-Kaap ist vor allem für seine farbenfrohen Häuser bekannt, beherbergt jedoch auch nicht weniger als zehn Moscheen. Wenngleich nicht die markanteste der Moscheen von Bo-Kaap, so ist die zwischen den Reihenhäusern an der Dorp Street eingezwängte Auwal- (bzw. Owal-) Moschee doch mit Sicherheit die bedeutendste.

Mündlichen Überlieferungen nach war sie die erste offizielle Moschee des Landes. Der Islam war während der Kolonialzeit zwar nicht verboten, die Niederländische Ostindien-Kompanie (VOC) genehmigte jedoch ausschließlich den Bau niederländisch-reformierter Gotteshäuser, sodass Muslime gezwungen waren, im Freien oder bei Imamen zu Hause zum Gebet zusammenzukommen.

Die genauen Ursprünge der Moschee liegen im Dunkeln. Am Gebäude selbst findet sich eine Tafel, die auf das Jahr 1794 verweist, wobei eine Genehmigung vor der ersten britischen Besetzung von Kapstadt 1795 eher unwahrscheinlich erscheint. Eine andere Version der Geschichte besagt, dass der Vryezwart (befreiter schwarzer Sklave) Coridan van Ceylon das Grundstück 1794 erwarb. Er übergab es an seinen Schwiegersohn Achmat van Bengalen, der es 1798 für den Bau einer Moschee zur Verfügung stellte. Anderen Quellen zufolge wurde das Grundstück von einer Frau, Saartjie van de Kaap, gestiftet, die entweder Frau eines Imam oder Enkelin von Coridan van Ceylon gewesen sein soll. Sie ist jedoch erst ab 1809 als Eigentümerin des Grundstücks belegt. Wiederum andere Quellen geben an, dass die britische Administration 1797 den Umbau der ehemaligen Lagerhalle in eine Moschee genehmigte.

Einig sind sich alle Quellen darin, dass Abdullah ibn Kadi Abd al-Salam, auch bekannt als Tuan Guru, erster Imam der Moschee war. Als Prinz von Tidore wurde er 1780 von der VOC nach Kapstadt verbannt und zwölf Jahre auf Robben Island als Häftling gefangen gehalten. Dort soll er aus dem Gedächtnis mehrere Kopien des Koran angefertigt haben. Eine dieser in der Auwal-Moschee aufbewahrten Handschriften ging leider 2008 verloren.

Als Tuan Guru 1807 starb, entspann sich ein Streit über seine Nachfolge, woraufhin ein Teil der Gemeinde sich abspaltete und die Palm Tree Mosque an der Long Street gründete. 1822 wurde Achmat van Bengalen zum Imam der Auwal-Moschee ernannt, starb jedoch ein Jahr später im Alter von 93 Jahren. 1930 stürzte die Moschee teilweise ein, und im Zuge größerer Umbauten entstand unter anderem das Minarett. 1986 wurde die Moschee ein weiteres Mal renoviert und erweitert. Heute sind nur noch zwei der ursprünglichen Mauern erhalten.

DUTCH MANOR ANTIQUE HOTEL ⑲

Die Eleganz des alten Kapstadt

158 Buitengracht Street
021-422-4767
info@dutchmanor.co.za

Das *Dutch Manor* ist ein charmantes Haus am Rande des farbenfrohen Stadtteils Bo-Kaap an den Hängen des Signal Hill. Heute beherbergt es ein Antique Hotel, das ganz im eleganten Kapstädter Stil des 19. Jahrhunderts gestaltet ist.

Der zweigeschossige, dreigliedrige Bau verfügt über einen hohen Balkon mit einer großen Eingangstür auf Höhe des zweiten Stockwerks. Über der Tür befindet sich ein originales Oberlicht mit leicht geschwungenem Rand und schön gearbeitetem Kämpfer. Der obere Stock ist mit zwei großen Schiebefenstern versehen. Darüber liegen ebenfalls feststehende, am oberen Rand leicht gebogene Oberlichter. Nahe den Ecken zieren kannelierte Säulen die Fassade, der mittlere Teil ist leicht nach vorne versetzt.

Das *Dutch Manor* steht auf einer Parzelle, die 1811 vom Raad der Gemeente an einen Händler namens Johannes Joachim Theron übereignet wurde. Das Haus stammt aus dieser Zeit (vermutlich 1812). Da Theron bis 1824 als Eigentümer verzeichnet ist, war er vermutlich auch der Erbauer. Später im 19. Jahrhundert beherbergte es zunächst das *Nova Scotia Hotel*, bot dann einer 17-köpfigen Familie ein Zuhause und endete schließlich als Anwaltsbüro und sogar Bordell. 1990 nahm sich der Architekt Gawie Fagan seiner an. Im Jahr darauf wurde es zum Nationaldenkmal erklärt.

Das Haus ist mit der typischen Stadteinrichtung jener Zeit dekoriert, gefertigt in Kapstadt, teilweise sogar in Bo-Kaap. Wer über die Schwelle tritt, fühlt sich direkt in die Kolonialzeit zurückversetzt. Gleich am Eingang wird man von einem Empfangstresen aus Mahagoni (datiert 6. Mai 1852) und einem roten Teppich mit dem Logo von Jan van Riebeeck, dem ersten Kommandeur von Kapstadt, empfangen.

Im Inneren erwarten die Besucher hohe Decken und knarzende Böden sowie dicke Mauern und schwere Vorhänge, die den Straßenlärm dämpfen. Dazu feines Silber, edle Keramik im Delfter Stil und Bücherregale voller zerlesener Klassiker. Viele Möbelstücke sind von ausgesuchter Qualität, von Halbmondtischen aus Yellowwood und Stinkwood bis hin zu einem Esstisch aus dem Jahr 1710. In der Lounge im Obergeschoss stehen zwei Sessel aus dem alten Union Parliament, eine Sitzgruppe aus Kalbsleder und ein schwerer Stinkwood-Schrank. Außerdem überall vergoldete Spiegel, geprägte Leuchter und große Vasen mit üppigen Blumensträußen.

Die Zimmer sind mit Holzmöbeln, Jonkmanskaste und Himmelbetten aus verschiedenen Epochen (darunter ein seltenes, mit französischer Spitze bezogenes Babbeljoentjie-Bett) sowie handgefertigten Truhen und Riempie-Sofas ausgestattet.

MANNENBERG MEMORIAL

⑳

Interaktives Denkmal für das berühmte Musikstück Mannenberg

21 Bloem Street

Etwas unscheinbar an einer Wand in der Bloem Street 21 (Nähe Long Street) befindet sich ein Denkmal, das Geschichte, Musik, interaktive Kunst und Politik in sich vereint. Von Passanten wird das in seiner Form wie ein Heizkörper anmutende Werk kaum wahrgenommen. Und doch ist es ein herausragendes Beispiel der Erinnerungskunst.

Von der *Sunday Times* anlässlich ihres 100. Jahrestages ihrer Gründung 2006 in Auftrag gegeben, ist das Mannenberg Memorial eine einzigartige Verbindung aus den Fertigkeiten des Handwerkers Mark O'Donovan und des Künstlers Francois Venter.

Sieben Stahlrohre wurden geformt, geschweißt und an der Wand des Musikstudios befestigt, in dem der Song *Mannenberg* im Juni 1974 aufgenommen wurde. Schlägt man die sieben Rohre der Reihe nach mit einem Stock an, erklingen die ersten Töne des berühmten Friedensliedes.

Der Musiker und Komponist Abdullah Ibrahim (geb. 1934) gilt als Hauptvertreter der Stilrichtungen Cape Jazz und Marabi. Im Juni 1974 entstand hier bei gemeinsamen Aufnahmen mit anderen Musikern vor dem Hintergrund von Apartheid und Zwangsumsiedlungen, bei denen nicht-weiße Menschen aus ihren Häusern in der Innenstadt an den Stadtrand vertrieben wurden, der Friedenssong *Mannenberg*. Cape Jazz ist ein Genre des südafrikanischen Jazz, Marabi wurde ursprünglich meist auf Klavieren gespielt und entstand angesichts der vielfach gegen die damalige Politik gerichteten Inhalte im Untergrund. In seiner Musik reflektiert Ibrahim Erlebnisse aus seiner Kindheit und die Folgen der Apartheidpolitik.

Zur Aufführung kam sie meist in Shebeens (einfache Bars in den Townships), wo sie den Menschen Gelegenheit bot, dem Alltag zu entfliehen und Kraft und Hoffnung für die Zukunft zu schöpfen.

Die Township Manenberg (nach der das Lied mit einer kleinen orthografischen Abwandlung benannt wurde) wurde 1966 auf dem Höhepunkt des Group Areas Act gegründet. Rund 20 Kilometer außerhalb der Stadt gelegen, war Manenberg einer von vielen von der National Party eingerichteten nicht-weißen Stadtteilen, geprägt von Überbevölkerung, geringen sozialen Aufstiegschancen und hoher Arbeitslosigkeit. Zudem waren die in dem Gebiet neu angesiedelten Menschen gezwungen, zur Arbeit und Schule weite Wege auf sich zu nehmen.

Das Lied zeigte in der Community große Wirkung und wurde regelmäßig auf politischen Versammlungen gespielt.

Hören Sie sich den Song vor Besuch des Memorials unbedingt im Internet an. Oder noch besser, spielen Sie ihn ab, während Sie mit dem Stock an den Rohren der Skulptur entlangfahren.

CENTRE FOR THE BOOK

Edwardianisches Haus des Lesens

62 Queen Victoria Street
021-423-2669
cbreception@nlsa.ac.za
Montag–Freitag von 8–16 Uhr, Samstag von 8–13 Uhr, Sonntag geschlossen

Eröffnet 1913 als Hauptsitz der kurzlebigen University of Good Hope, wurde das große Edwardianische Gebäude des Centre for the Book 1990 zum Nationaldenkmal erklärt. Seit kurzem ist es der Nationalbibliothek von Südafrika angegliedert. Das Centre for the Book hat in einem Komplex am Rande des Company's Garden ein Zuhause gefunden. Bei einem Besuch kommen Sie in den Genuss großartiger Architektur und lokalen literarischen Talents.

Das Äußere des Gebäudes ist aufwändig aus Sandstein gearbeitet. Das Dach ist mit grünen spanischen Keramikziegeln gedeckt, die kupferne Kuppel ziert eine Laterne aus Teakholz. Die große halbmondförmige Ceremonial Hall verfügt über Säulen, ein schönes Dachfenster und einen großen Kronleuchter. Auf den oberen Rängen finden sich Sammlungen der Nationalbibliothek, in den unteren Regalen Werke zeitgenössischer südafrikanischer Autoren.

Das Zentrum ist eine Außenstelle der Nationalbibliothek von Südafrika. Seine Hauptaufgabe ist es, durch den einfachen Zugang zu Büchern für alle eine Kultur des Lesens, Schreibens und Publizierens in lokalen Sprachen zu fördern. Es sammelt und verbreitet Informationen, bietet Rat und Hilfestellung bei Fragen zu Büchern, Verlagen, Creative Writing und Alphabetisierung. Zu diesem Zweck veröffentlicht es Broschüren, Prospekte und Newsletter, von denen viele vor Ort ausgestellt sind. Auch der Neudruck von Büchern, die als Klassiker der indigenen südafrikanischen Sprachen gelten, zählt zu den Aufgaben des Hauses.

Neben der Entwicklung von Programmen und Veranstaltungen zur Unterstützung und Finanzierung angehender Autoren führt das Zentrum gelegentlich Workshops für junge Schriftsteller zu Themen wie Redaktion, Manuskriptentwicklung und Buchmarketing durch. Eines seiner Studios wurde in Zusammenarbeit mit dem *Ukuhamba Nabatwana Trust*, der Kindern bis sieben Jahren die Freude am Lesen vermitteln und sie animieren will, eigene Geschichten zu schreiben, in ein Lesezentrum für Kinder umgestaltet, in dem regelmäßig Puppenspiele gezeigt und Erzählnachmittage veranstaltet werden. Darüber hinaus spendet das Zentrum Bücher und Poster an Schulen, Büchereien, Kunstzentren und Organisationen zur Leseförderung. Bis heute haben über 40.000 Kinder vor allem in ländlichen Regionen so je acht Bücher erhalten. Im Rahmen der Bemühungen des Zentrums, Kindern Bücher schon in jungen Jahren näher zu bringen, konnte in der Kleinstadt Mount Ayliff in der Provinz Ostkap eine Kinderbibliothek eröffnet werden. In all diesen lobenswerten Anstrengungen gibt die große alte Edwardianische Dame aus der Queen Victoria Street dem jungen Südafrika etwas zurück.

PUMPEN-BAUM

Eine alte Pumpe in einem Baumstumpf

The Company's Garden, Queen Victoria Street
7–20.30 Uhr im Sommer, 7–19 Uhr im Winter
Eintritt frei

Der ein oder andere Besucher kommt bei seinem Besuch im Company's Garden auch an dem Steinbrunnen im Zentrum des unteren Teils vorbei. Wer genau hinsieht, bemerkt dabei vielleicht den Schwengel und das Auslaufrohr, die nur wenige Meter weiter aus einem Eichenstumpf ragen.

Es handelt sich um die Reste einer Handpumpe über einem Brunnen aus dem Jahr 1842. Die alte Eiche fiel 2015 einem Sturm zum Opfer. Der Stumpf wurde von der Stadt samt Pumpe wieder aufgestellt.

Die Pumpe war über ein unterirdisches Rohr mit dem Brunnen verbunden. Beim Blick hinab in den Brunnen erkennt man ein kleines Stück der originalen Schieferabdeckung, das über den Rand des roten Steins hinausragt.

Der aus importiertem Ziegel gebaute Brunnen war 2,7 Meter tief. Aufgrund seiner Bauart in Form einer Sickergrube ist der Brunnen relativ niedrig. Im Schacht sind in regelmäßigen Abständen Holzschichten eingezogen, auf die Ziegel- und Schieferstücke geschichtet sind, durch die das in den Brunnen einsickernde Wasser gefiltert wurde. Vor 1850 gab es mehrere Brunnen in der Gartenanlage, die jedoch mit Einrichtung eines Wasserverteilungssystems aufgegeben und verschlossen wurden.

Der älteste Baum des Gartens

Der Safran-Birnbaum im Company's Garden ist der vermutlich älteste kultivierte Baum Südafrikas. Er gelangte vor rund 350 Jahren zu Zeiten van Riebeecks aus Holland ans Kap. Als eine der ursprünglichen Varietäten der Kulturbirne (*Pyrus communis*) trägt diese auch als gewöhnliche Birne oder eben Safran-Birne bekannte Sorte kleine Früchte. Ihre Blätter wurden früher zum Färben von Wolle in charakteristischem Safrangelb verwendet. Die Frucht wurde häufig eingelegt. Der alte Baum stürzte vor vielen Jahren um. Was heute zu sehen ist, sind vier Triebe, die aus seinen Wurzeln entstanden. Die alten Äste ruhen auf eisernen Baumstützen und sind mit Drahtseilen und einem Zaun gesichert. Im August 2013 wurden Ableger genommen, um das Genmaterial des Baumes zu bewahren. Sollte der Original-Baum eines Tages sterben, könnte an seiner Stelle ein identischer neuer Baum gepflanzt werden.

LIBERMAN DOORS

Ein bemerkenswerter Schatz der jüdischen Geschichte

Innenhof der National Gallery – Government Avenue, Company's Garden
021-481-3970 – iziko.org.za/museums/south-african-national-gallery
Täglich geöffnet; nähere Informationen auf der Website

Im Innenhof der National Gallery befindet sich mit den aufwändig geschnitzten Liberman Doors ein absolut bemerkenswerter, wenngleich kaum bekannter Schatz der jüdischen Geschichte.

Hyman Liberman (1853–1923) wurde in Polen geboren und wuchs in England auf. Im Alter von 20 Jahren kam er nach Kapstadt. Als erfolgreicher Geschäftsmann war er der erste jüdische Bürgermeister der Stadt, ein Amt, in dem er dreimal bestätigt wurde (1904, 1906 und 1907). In seine Amtszeit fielen die Eröffnungen des alten Rathauses (City Hall) und der Großen Synagoge (1905). Bei seinem Tod vermachte er sein Geld einer Reihe multikultureller Wohltätigkeitsorganisationen, wobei allein 10.000 Pfund für ein Kunstwerk zur Freude aller vorgesehen waren: die Liberman Doors.

Herbert Meyerowitz (1900–1945), ein Mann mit einer ähnlichen Geschichte wie Liberman, wurde beauftragt, die Türen anzufertigen. Eine Aufgabe, die ihn vier Jahre kostete. Geboren in St. Petersburg kam Meyerowitz 1925 nach Südafrika. Er richtete sich ein Studio ein und wurde zum ersten Dozenten für Holzschnitzkunst an der Michaelis School of Fine Art. Bevor Meyerowitz die Türen schnitzte, fertigte er zahlreiche Skizzen und Gipsmodelle an. Aufgrund seiner Beständigkeit gegenüber tropischem Klima, seiner Widerstandskraft gegen Insektenbefall und seiner schönen, in dunklem Gold schimmernden Alterungsfarben fiel die Wahl auf Burma-Teak. Wer die Türen zum ersten Mal sieht, verharrt meist in sprachloser Bewunderung dafür vor ihnen, wie es Meyerowitz gelang, jeden Quadratzentimeter mit aufwändigen Details zu füllen und in einer Schnitzarbeit derart viele Geschichten zu verarbeiten.

Am unteren Rand auf beiden Seiten beginnt die Erzählung mit der Migration von Hebräern aus der ganzen Welt, die oben am Sturz schließlich im Land von Frieden und Wohlstand – Südafrika – ankommen. Man sieht Migranten, die Schiffe besteigen, was in der lokalen jüdischen Gemeinschaft noch heute nachwirkt: die Mehrheit hat russische oder litauische Wurzeln. Die Pogrome in Russland und Osteuropa führten zu einem Massenexodus von Juden. Die Nachricht, dass am Witswaterand 1886 Gold gefunden worden sei, ließ die Übersiedlung nach Kapstadt zu einer attraktiven Option werden.

Die am Türsturz eingearbeiteten Giebelhäuser sind repräsentativ für die zu damaliger Zeit vorherrschende kapholländische Architektur. Auf der rechten Seite ist ein Mann mit Hut und Mantel zu sehen, der einen Karren schiebt. Er ist einer der als *smous* bezeichneten fahrenden Händler, die sich in Kapstadt mit Ware eindeckten und diese dann im Landesinneren, von Tür zu Tür ziehend, verkauften.

GESCHNITZTE NETSUKE-MINIATUREN

24

Eine der erlesensten Sammlungen japanischer Miniaturkunst

South African Jewish Museum – 88 Hatfield Street
Sonntag–Donnerstag von 10–17 Uhr; Freitag von 10–14 Uhr; Samstag und an jüdischen Feiertagen geschlossen
Ausweisdokument erforderlich

Im Untergeschoss des südafrikanischen jüdischen Museums (SAJM) befindet sich eine der weltweit größten und bedeutendsten Sammlungen japanischer Miniaturkunst.

In einem kleinen, mit Holzvitrinen gesäumten Raum können, sorgfältig wie in einem Setzkasten in einzelnen Fächern untergebracht, mehr als 200 kunstvolle Schnitzarbeiten und Schwertbeschläge bewundert werden. Gearbeitet aus Holz, Elfenbein, Hirschhorn und Knochen, sind die Arbeiten ausgesprochen detailreich und naturgetreu. Bei der Betrachtung mithilfe der bereitgestellten Vergrößerungsgläser und Informationshefte vergehen die Stunden wie im Fluge.

Mehr als die Hälfte der Ausstellung ist sogenannten *netsuke* gewidmet, kleinen zeremoniellen Figuren, die wohlhabende Händler zu Zeiten der Samurai trugen. Die Entstehung der *netsuke* lässt sich bis zum Sakoku-Edikt 1635 zurückverfolgen, das die Abschließung Japans besiegelte. In Sorge vor dem zunehmenden kommerziellen Erfolg vieler Händler verboten die Shogun allen Klassen außer den Samurai unter Androhung der Todesstrafe, ihren Wohlstand zur Schau zu stellen.

Gebrauchsgegenstände waren indes von den Vorschriften ausgenommen. Da Kimonos keine Taschen hatten, trugen japanische Männer kleine Kästchen (*inro*) bei sich, die über eine Kordel am Gürtel (obi) befestigt waren. Als Gegengewicht dienten die *netsuke*, die damit zu einer der wenigen Möglichkeiten wurden, wie Händler ihren Status nach außen zeigen konnten. Schon bald entwickelten sich die kleinen Figuren zu wahren Kunstwerken.

Isaac Kaplan, einer der Gründer des südafrikanischen jüdischen Museums, wurde durch einen Freund, der Japan in den 1930er-Jahren besucht hatte, in die japanische Kunstschnitzerei (*okimono*) eingeführt. Kaplan entwickelte eine lebenslange Leidenschaft für die japanische Miniaturkunst, besonders *netsuke* und Schwertbeschläge, und sammelte über Londoner Handelshäuser insgesamt 613 japanische Schnitzarbeiten, von denen die besten hier zu sehen sind. Ihre Themen befassen sich mit allen Facetten des japanischen Lebens: Geschichte, Mythologie, Religion und Volkshumor. Von Hirschen, die den Mond anheulen, bis hin zu einem Teekessel, der sich in einen Dachs verwandelt: Die Objekte sind faszinierend und einfach atemberaubend schön. All das in einer geschnitzten Figur von gerade einmal vier Zentimetern Höhe.

Interessanterweise war Kaplan selbst nie in Japan. Jeden Abend verbrachte er Stunden mit dem Studium japanischer Kunst, Geschichte, Legenden und Kultur, um so ein tieferes Verständnis der Stücke seiner Sammlung zu erlangen. Er brachte sich sogar selbst das Japanisch der Samuraizeit bei. Da seine Leidenschaft jedoch dem vergangenen Japan des 17. und 18. Jahrhunderts galt, verspürte er kein Bedürfnis zu sehen, wie sich das Land seit jener Zeit verändert hatte.

BESITZTÜMER VON JOSHUA PENNY

25

Zeugnisse des Robinson Crusoe von Kapstadt

Mountain Club of South Africa – 97 Hatfield Street
Montag–Freitag von 10–14 Uhr – Eintritt frei

Im Jahr 1892 stieß ein Mitglied des *Mountain Club* nahe der Ravine-Quelle am Tafelberg auf eine kleine Höhle. In der Höhle fanden sich die vermeintlichen Besitztümer von Joshua Penny, einem Deserteur, der sich 100 Jahre zuvor auf dem Berg versteckt hatte. Als es dem *Mountain Club of South Africa* 1957 gelang, eine der wenigen Kopien von Pennys Memoiren in die Hände zu bekommen, startete er eine Expedition zur Bergung der Objekte, die heute am Sitz des Gebirgsvereins in Gardens eine neue Heimat gefunden haben. In zwei kleinen Vitrinen sind mehrere Exponate zu sehen, die von dem langen Aufenthalt Pennys in der Höhle zeugen: Stofffetzen und Knöpfe, Tonpfeifen, Werkzeuge aus Feuerstein und Eisen, verkohlte Überreste von Antilopen und Klippdachsknochen sowie Teile des Guernsey-Pullovers, den Penny bei seiner Flucht trug.

Die Geschichte von Joshua Penny entbehrt nicht einer gewissen Ironie. Als amerikanischer Seemann, der in der britischen Marine zwangsverpflichtet wurde, hasste Penny die Engländer und wollte nichts sehnlicher als fliehen. Als die *HMS Sceptre*, auf der er diente, Mitte Oktober 1799 in Kapstadt vor Anker lag, packte Penny, der monatelang Seekrankheit vorgetäuscht hatte, die Gelegenheit beim Schopfe. Auf dem Weg zum Marinehospital verführte er seine Zwei-Mann-Eskorte zum Trinken, rannte davon und versteckte sich am Tafelberg.

14 Monate lebte der 26-Jährige allein auf dem Berg und ernährte sich, so die Legende, einzig von Antilopen- und Klippdachsfleisch sowie aus Wildhonig gebrautem Bier, darauf wartend, dass die *Sceptre* die Bucht verließ. Als Penny schließlich in den Hafen zurückkehrte, erfuhr er vom Kapitän des einzigen Schiffs, das dort vor Anker lag, dass die *Sceptre* nur wenige Monate nach seiner Flucht in einem Sturm am 5. November 1799 am Woodstock Beach gesunken war. Die Besatzung war dabei größtenteils ums Leben gekommen; die Wahrscheinlichkeit, dass die Überlebenden nach ihm suchen würden, war gering.

So verließ Penny Kapstadt auf dem dänischen Schiff und gelangte schließlich zurück nach New York, wo er 1815 seine Memoiren veröffentlichte. Wenngleich sich sein langes Versteckthalten letztlich als unnötig erwies, schien er die Monate in den Bergen doch genossen zu haben. So schrieb er: „Jede Nacht konnte ich mein Lied mit gleichem Vergnügen wie zu jeder Zeit meines Lebens singen. Letztlich genoss ich mein Leben nie mehr als unter den wilden Tieren des Tafelbergs, denn dieser bot mir Schutz vor den noch wilderen Engländern."

QUAGGA-FOHLEN

Ein einsames Fohlen als Ausgangspunkt der Wiederauferstehung einer ausgestorbenen Zebra-Art

South African Museum
25 Queen Victoria Street
Täglich von 10–17 Uhr

In einem dunklen Raum des South African Museum steht ein kleines Quagga-Fohlen. Es ist eines von nur 23 verbleibenden Exemplaren einer ausgestorbenen Zebra-Art, die einst in Südafrika weit verbreitet war. Wer nicht gezielt danach sucht, wird es in seiner dunklen Vitrine kaum finden. Über einen Schalter wird es einige Sekunden lang zur Betrachtung beleuchtet. Diesem Fohlen und einem außergewöhnlichen Naturhistoriker namens Reinhold Rau ist es zu verdanken, dass eines Tages wieder Quaggas durch die staubigen Ebenen der Karoo ziehen könnten.

Nach ihrer Ankunft am Kap machten die Kolonisatoren skrupellos Jagd auf Quaggas, viele wurden an europäische Zoos verkauft. Da jedoch undifferenziert alle Zebras als Quagga bezeichnet wurden, starben die Quaggas in freier Wildbahn 1878 nahezu unbemerkt aus. Als am 12. August 1883 eine Quagga-Stute im Amsterdamer Zoo starb, fiel keinem auf, dass sie die letzte ihrer Art war. Nur drei Jahre später wurde die Jagd auf Quaggas in Kapstadt offiziell verboten.

Als Rau 1969 den Auftrag erhielt, das arg mitgenommene Quagga-Fohlen des South African Museum aufzuarbeiten, stellte er fest, dass am Fell noch Fleisch anhaftete. Er sicherte das Gewebe und informierte die Wissenschaft. Viele Jahre später, 1983, forderte Russell Higuchi von der University of California Gewebeproben für DNA-Tests an.

Das Quagga wurde zum ersten ausgestorbenen Tier, dessen DNA untersucht wurde. Die Ergebnisse waren erstaunlich: Beim Quagga handelte es sich nicht wie angenommen um eine ausgestorbene Art, sondern um eine Unterart, die eine identische DNA wie das noch existierende Steppenzebra aufwies. Da sich das Fellmuster mit Streifen vorne und einer braunen Färbung im hinteren Bereich als einzig erkennbarer Unterschied zwischen Quaggas und deren überlebenden Cousins herausstellte, fand Rau, dass rückgezüchtete Tiere, die wie Quaggas aussahen, auch zu Recht als solche bezeichnet werden konnten.

Entschlossen, einen tragischen Fehler wieder gutzumachen, beschloss er, den Versuch zu wagen und startete 1987 das Quagga-Projekt. Neun im Etosha-Nationalpark eingefangene Steppenzebras mit quagga-ähnlichen Zügen dienten als Ausgangspunkt. Die Fortschritte, die Raus Quaggas in gerade einmal dreißig Jahren gemacht haben, sind erstaunlich. Das Aussterben einer Art rückgängig zu machen wird nie möglich sein. Das Quagga-Projekt jedoch ist ein kleiner Schritt in die richtige Richtung.

VAN-OUDTSHOORN-GRUFT

(27)

Was vom Vermögen des Baron van Oudtshoorn übrig blieb

5 Faure Street – Täglich während der Bürozeiten (am Eingang klingeln, um Zutritt zu erhalten) – Eintritt frei

Im abgelegenen Hinterhof eines alten Hauses liegt ein einsames Grab. Es ist alles, was von dem einst herrschaftlichen Anwesen einer alteingesessenen Kapfamilie übrig blieb. Baron Pieter van Rheede van Oudtshoorn tot Nederhorst kam 1741 zunächst als steuerlich unabhängiger Mann nach Kapstadt und wurde später stellvertretender Gouverneur für die Niederländische Ostindien-Kompanie (VOC). 1743 gewährte ihm der damalige Kap-Gouverneur ein Stück Land zwischen Hof und Kloof Street, dem er den Namen Oudtshoorn Gardens gab. 1791 beauftragte sein wohlhabender Sohn William Ferdinand, der ebenfalls

für die VOC tätig war, den berühmten französischen Architekten Louis Michel Thibault, für ihn ein Haus an der Kloof Street zu bauen, das den Namen Saasveld erhielt. Für das Dekor zeichnete der renommierte Bildhauer Anton Anreith verantwortlich. Als Kapstadt vier Jahre später britisches Protektorat wurde, weigerte sich William Ferdinand als einziges Ratsmitglied, der britischen Krone die Treue zu schwören. Trotz seiner Unterteilung in drei eigenständige Grundstücke, darunter jenes, auf dem sich heute das *Mount Nelson Hotel* befindet, überdauerte der Familiensitz die Zeit, bis er 1957 von der niederländisch-reformierten Kirche abgerissen wurde. Im Zuge dessen wurde jedoch jeder einzelne Stein nummeriert und nach Franschhoek gebracht, wo das Haus wieder aufgebaut wurde und seit 1967 das Hugenotten-Museum beherbergt. In der weiß getünchten Gruft, die ebenfalls auf einen Entwurf von Thibault zurückgeht und heute ein Nationaldenkmal ist, ruhen Baron William Ferdinand van Reede van Oudtshoorn (1755–1822) und seine Ehefrauen.

Der Pickled Baron

1766 ging Baron Pieter in den Ruhestand und kehrte nach Europa zurück. Nachdem ihn der Prinz von Oranien zum Gouverneur der Kapkolonie ernannt hatte, begab er sich am 4. Januar 1773 an Bord der *Asia* erneut auf die Reise gen Süden. Die Segel waren kaum gesetzt, da erkrankte der Baron. Er starb wenige Tage später am 23. Januar. Üblicherweise erhielten an Bord Verstorbene eine Seebestattung. Der Baron jedoch wurde in einen Bleisarg gelegt, der sich zufällig mit an Bord befand. Der Legende nach füllte der Kapitän den Sarg mit Brandy, um den Leichnam auf der drei weitere Monate dauernden Reise nach Kapstadt zu konservieren. Dort angekommen, wurde der Baron am 17. April in einem Staatsbegräbnis in der Groote Kerk in der Adderley Street beigesetzt. Beim Ausbau der Kirche wurde sein Grabstein aus dem Boden entfernt und an der Ostwand angebracht, wo er noch heute zu sehen ist. Die Stadt Oudsthoorn ist nach Baron Pieter benannt, obwohl dieser nie dort war. Die Enkelin des Barons, Ernestina, war mit Egbertus Bergh verheiratet, einem der Gründungsväter der Stadt.

UBUNTU-BAUM

Ein magischer Baum, berühmt für seine spirituellen Heilkräfte

99 Kloof Street
Eintritt frei

Im Innenhof des Cape Town Medi-Spa hinter dem Mount Nelson steht ein alter Banyanbaum, eine Art, der Spiritualisten Heilkräfte zuschreiben. Der Baum soll über 400 Jahre alt sein und markiert mit den beiden Bäumen links und rechts von ihm die Grenze des früheren Weltevreden Dam, eines Naturgewässers, das sich aus den im Camissa-Gebirge entspringenden Flüssen speist, die vom Tafelberg talabwärts fließen und schon vor langer Zeit unter die Erde verlegt wurden, sodass heute nur noch der Name einer nahegelegenen Straße an den Dam erinnert.

Banyanbäume sind in der hinduistischen und buddhistischen Mythologie heilig. Dieses Exemplar ist indes Anlaufpunkt für Besucher verschiedenster Herkunft. Der Massai-Aktivist Miyere Ole Miyandazi pilgerte zu dem Baum, als er nach Vorbild von Credo Mutwa, dem berühmten Sangoma und Sanusi des Volks der Zulu, zu Fuß aus Kenia kommend Kapstadt erreichte. Zu den Besuchern des Baums zählt unter anderem Dr. Masaru Emoto, der japanische Forscher, der die Auffassung vertrat, das menschliche Bewusstsein habe Einfluss auf die Molekularstruktur von Wasser. Seine Aufnahme des Ubuntu-Wasserkristalls ist im Medi-Spa zu sehen.

Den Namen Unabantu Nokuphila, der auf Xhosa so viel bedeutet wie „Ort der heilenden Mutter, an dem Menschen auf der Suche nach Gesundheit und Wohlbefinden zusammenkommen“, erhielt der Baum von traditionellen Heilern aus der Gegend. Die meisten nennen ihn jedoch schlicht „Ubuntu Tree“. Besucher des Innenhofs sind eingeladen, einen Moment der Meditation und Einkehr unter seinen Ästen zu verbringen. Wer möchte, kann dem Ubuntu Tree auch auf Facebook folgen.

ANDERE BEMERKENSWERTE BÄUME IN DER NÄHE

Die Gedenktafel am Slave Tree in der Spin Street

Auf der Verkehrsinsel gegenüber des Church Square befindet sich eine runde Granitplatte, die an den Standort des Slave Tree erinnert. Hier sollen früher Sklaven gehandelt worden sein, die dort auch auf ihre Herren warteten, die sich zur Messe in der Groote Kerk eingefunden hatten. Die Sklaverei wurde 1834 abgeschafft. Die originale Tanne wurde 1916 entfernt.

MOLTENO POWER STATION 

Das erste kommunale Kraftwerk von Kapstadt

Ecke Molteno Road/Belvedere Avenue
Kein Zutritt für Besucher

Die Straßen von Kimberley erstrahlten bei Dunkelheit bereits 1882 in elektrischem Licht. Bis die Gattin des Bürgermeisters, Mayoress Smart, am 13. April 1895 um 19.30 Uhr auch in Kapstadt die Straßenbeleuchtung einschaltete, dauerte es jedoch noch mehr als ein Jahrzehnt. Früher am selben Tag hatte Mayor George Smart das zuständige Kraftwerk eingeweiht, indem er eine Champagnerflasche gegen eine der Turbinen schlug. Das Graaff Electrical Lighting Works am Ufer des Molteno-Stausees war das erste Kraftwerk der Stadt und das erste Wasserkraftwerk in Südafrika.

Treibende Kraft dahinter und Namensgeber war Sir David de Villiers Graaff, Bürgermeister von Kapstadt von 1891 bis 1892 und bis 1897 Parlamentsmitglied. Lawrence Green schrieb, dass Graaff jahrelang versucht hatte, den Stadtrat von der Einführung einer elektrischen Straßenbeleuchtung zu überzeugen. (Kapstadt wurde seit Einweihung des ersten Gaskraftwerks 1845 mit Gaslaternen beleuchtet.)

Die ersten Leitungen wurden im Januar 1894 verlegt. In nur 15 Monaten stand das gesamte Netz mit 775 Straßenlaternen von der Innenstadt bis zur Three Anchor Bay. Die benötigte Elektrizität wurde von zwei 150-kW-Generatoren erzeugt, die wahlweise mit Dampf oder Wasser angetrieben werden konnten (der zugehörige Schornstein existiert heute nicht mehr). Die von Graaff persönlich bestrittenen Kosten

des Kraftwerks beliefen sich auf 75.000 Pfund. Der *Cape Argus* berichtete: „Kapstadt ist vielen britischen Städten mit der Einführung dieser mysteriösen Kraft, der Elektrizität, weit voraus." Das Kraftwerk wurde 1920 geschlossen und 1993 zu einem Nationaldenkmal erklärt. Rund um das Wasserbecken befindet sich ein öffentliches Naherholungsgebiet.

Meilensteine der Elektrifizierung von Kapstadt

1860 – Das erste elektrische Telegrafensystem wird zwischen Kapstadt und Simon's Town eingerichtet.
1882 – Im Parlament wird eine elektrische Beleuchtung installiert. Am Hafen entsteht eine Bogenlichtanlage.
1891 – Mr. George Pigot Moodie versieht sein Wohnhaus in Rondebosch mit einer privaten Beleuchtungsanlage, die auch das erste elektrische Straßenlicht der Stadt am Rondebosch-Brunnen versorgt.
1895 – Eröffnung des Graaff Electric Lighting Works Kraftwerks.
1896 – Eröffnung der ersten Straßenbahnstrecke von der Adderley Street nach Mowbray.
1904 – In der Dock Road wird das zweite Kraftwerk von Kapstadt eröffnet.
1923 – Gründung der Electricity Supply Commission (Eskom).
1966 – Der Tafelberg erstrahlt anlässlich des fünften Jahrestages der Republikgründung erstmals unter Flutlicht.

HURLING-PUMPE

Ein Relikt aus den Zeiten versklavter Wasserträger

Ecke Prince Street/Sir George Grey Street

Das kleine Pumpenhaus an der Ecke Prince Street/Sir George Grey Street unterscheidet sich stark von den anderen Gebäuden dieses wohlhabenden Viertels. Es ist das letzte Relikt eines von vielen Versuchen in der Geschichte Kapstadts, das Problem der Wasserversorgung zu lösen.

Noch im 19. Jahrhundert waren die Bewohner der Stadt gezwungen, das für ihren Alltag benötigte Wasser von öffentlichen Brunnen am Grand Parade oder am Greenmarket Square zu holen. Wohlhabendere Familien besaßen für diese Aufgabe eigene Sklaven. Dieses Vorgehen war jedoch nicht nur zeitraubend, sondern führte, da die Brunnen kontinuierlich liefen, zu einer großen Verschwendung wertvollen Wassers, einer Ressource, die immer knapper wurde.

Um die Brunnen zu entlasten und Wasser zu sparen, sicherte Gouverneur Sir John Cradock dem Bürgersenat 1812 zu, Kapstadt ein neues Wassersystem zu geben. Im Zuge dessen wurden überall in der Stadt Schwengelpumpen (*swaaipompe*) installiert. Das Wasser wurde in großen Speichern an den Bergen gesammelt und über hölzerne Rinnen und Leitungen in Brunnen geleitet. Über jedem Brunnen entstand ein Pumpenhaus mit einem langen, beschwerten Holzgriff, durch dessen Betätigung die Sklaven an Wasser gelangten.

Aufgrund des Namens dieser Pumpe – Hurling Swaai Pump – wird die Erfindung des Mechanismus häufig dem berühmten schwedischen Kolonisator Jan Frederick Hurling zugeschrieben. Wahrscheinlicher ist jedoch, dass der Name der Pumpe schlicht auf den Umstand zurückgeht, dass diese auf dem Land von Hurlings Farm Zorgvliet stand, die dieser 1791 gekauft hatte.

Das Pumpenhaus mit seiner eigenwilligen konischen Spitze wurde vermutlich von Louis Michel Thibault entworfen, dem damals wohl berühmtesten Architekten am Kap. Die Bronze, aus der einst das Wasser sprudelte, gilt als Arbeit von Anton Anreith, mit dem Thibault häufig zusammenarbeitete. Ob es sich bei der Figur um einen Löwen oder einen Wassergeist oder gar den Nordwestwind, der Regen nach Kapstadt bringt, handelt, ist umstritten. Auf der Schiefertafel über dem Wasserspeier wurde vermutlich notiert, wie viel Wasser entnommen wurde. Wenngleich nur wenige Anwohner ihr große Aufmerksamkeit schenken, wird die Hurling-Pumpe doch seit 1937 offiziell in der Liste der Nationaldenkmäler geführt.

STADTSFONTEIN

Die erste Wasserquelle der Stadt

Homestead Park – Upper Orange Street

Während meist das Castle und der Company's Garden als Ausgangspunkt der Kapkolonie gelten, wurde das Fundament für die weitere Entwicklung der Stadt doch auf einem vergessenen Feld in Oranjezicht gelegt. Die 13 allgemein als *stadtsfontein* („Stadtbrunnen") bekannten Quellen, die hier entspringen, versorgten die frühen Siedler mit der wohl wichtigsten Ressource: frischem Wasser. Von den ursprünglichen Bewohnern der Gegend, den Quena, als *camissa* bezeichnet („Ort des süßen Wassers"), handelte es sich um die einzige dauerhafte Wasserquelle an der Bergoberfläche und damit mehr als zwei Jahrhunderte lang um die Lebensader der Stadt.

Das Wasser aus der Quelle floss durch *leiwaters* zur Bewässerung des Company's Garden. In einem Graben wurde es um die Festung herum und durch offene Kanäle oder „Grachten" in öffentliche Pumpen und Brunnen geführt und in Stauseen und Wasserspeichern gesammelt. 1719 wurde die Stadtsfontein Teil einer von Pieter van Breda gegründeten Farm, deren Überreste noch im Homestead Park zu sehen sind. Im 19. Jahrhundert errichteten die Niederländer Schutzbauten um die Quellen.

Als 1901 in Kapstadt die Beulenpest ausbrach, wurden die Kanäle abgedeckt und die Quellen unter die Erde verlegt. Der Bedarf der Stadt

überstieg seinerzeit die Vorräte, sodass Wasser von anderen Orten eingeführt werden musste – zunächst von den Stauseen auf dem Tafelberg, später den weiten Weg von Franschoek. Die ursprünglichen Wasserquellen der Stadt gerieten in der Folge in Vergessenheit, sodass die Quellen der Stadtsfontein 1990 aus den Registern der Stadt gestrichen wurden.

Noch heute entspringen aus den Quellen indes täglich mehr als 3,5 Millionen Liter potenzielles Trinkwasser. Ein Teil davon wird heute zur Bewässerung des Green Point Park genutzt. Das meiste jedoch fließt ungenutzt ins Meer. Trotz großer Sorge im Hinblick auf künftige Wasserknappheit, Dutzenden einfallsreicher Vorschläge und nahezu einem Jahrzehnt der Diskussionen gibt es bislang keine Pläne zur sinnvollen Nutzung der Ressource. Und so fristet die Stadtsfontein noch immer ein einsames Dasein hinter Stacheldraht und einem fest verschlossenen Tor. Einzelne Zeugnisse ihrer früheren Bedeutung finden sich indes in Straßennamen wie Mill Street, Buitengracht oder Heerengracht.

Ins Wasser kacken verboten

Die Stadtsfontein steht am Ursprung des ersten, 1655 erlassenen Umweltschutzgesetzes des Landes, das besagte: „Niet boven de stroom van de spruitjie daer de schepen haer water halen te wassen en deselve troubel te maken.“ Oder, in einer berühmt gewordenen Zusammenfassung: „Moenie in die water kak nie“ („Ins Wasser kacken verboten“).

Table Bay Harbour
Mouille Point
Granger Bay
Victoria Basin
Ben Schoeman Dock
Green Point
Duncan Dock
Stadium
Three Anchor Bay
Main Road
Rocklands Bay
High Level Road
Table Bay B
M6
New Market Street
Strand Street
Sea Point
350 m
Buitengracht St
CITY BOWL
Nelson Mandela
Boat Bay
M62
M3
De Waal D
Darwin's Rocks
Sea Point
Kloof Road
Saunders Rocks
Bantry Bay
De Waal Park
North Paw
Lion's Head
669 m
Clifton Bay
South Paw
Table Mountain
Camps Bay
Fountain Peak
1 051 m
Eastern Table
1 085 m
M62
Bakoven Bay
Bakoven
Junction Peak
919 m
843 m
ATLANTIC OCEAN
M6
Koeëlbaai
Table Mountain National Park
Victoria Road
787 m
Klassenkop
742 m
Grootkop
851 m
Eagle's Nest
421 m
756 m
Llandudno
514 m
Llandudno Bay
M63
Sunset Rocks
Valley Road
Hout Bay Main Road
437 m
M6
540 m
Sandy Bay
Empire Ave
Victoria Ave
Hout Bay
Oude Schip
Constantiaberg
928 m
Karbonkelberg
594 m
Duikerpunt
Hout Bay
The Sentinel
330 m
Noordhoekp
Duikereiland
M6
N
Vulcan Rock
Chapman's Peak
592 m
0
2
4 km
Chapman's Point
Noordhoe

Atlantikküste

① DIE *SHIP SOCIETY* 78
② JETTY 1 80
③ DIE TREADMILL AM BREAKWATER PRISON 82
④ VERSCHWINDLAFETTE 84
⑤ DER SOCKEL DES LEUCHTTURMS AM MOUILLE POINT 86
⑥ DAS WRACK DER *RMS ATHENS* 88
⑦ DER „GRAND VLEI“ 90
⑧ KAJAKFAHREN IN DER THREE ANCHOR BAY 92
⑨ DIE CHARLES-DARWIN-FELSEN 94
⑩ ROUNDHOUSE 96
⑪ ROTUNDA 98
⑫ BETA BEACH 100
⑬ DER STRAND AUF DEM TAFELBERG 102
⑭ RELIKTE DES KASTEELSPOORT CABLEWAY 104
⑮ TRANQUILITY CRACKS 106
⑯ WANDERUNG AUF DER HALBINSEL OUDESCHIP 108
⑰ DUNGEONS SURFSPOT 110
⑱ DER VERWAISTE TISCH IM CAFÉ *DEUS EX MACHINA* 112
⑲ DER BOOTSANLEGER DER ALTEN MANGANMINE 114
⑳ EAST FORT 116
㉑ DIE GEHEIME HÖHLE 118

DIE *SHIP SOCIETY*

Ein Blick in die Geschichte der Seefahrt

Gegenüber Kai F
Duncan Road, Hafen von Kapstadt
philsh@telkomsa.net (Philip Short) oder brupa@telkomsa.net (Pauline Brueton)
Treffen immer donnerstags um 19 Uhr; Geöffnet auch am Samstagnachmittag

Die 1953 gegründete *Ship Society of South Africa* trifft sich jeden Donnerstagabend um 19 Uhr in einem kleinen Clubhaus am Duncan Dock. Nichtmitglieder sind herzlich willkommen. Ein Besuch in dem Clubhaus mit seinen Schiffsmodellen und anderen Exponaten aus der Welt der Nautik lohnt sich für alle Freunde des Ozeans.

Die kaum bekannte *Ship Society* bringt im Rahmen von verschiedenen Veranstaltungen und Vorträgen von Gastrednern all jene zusammen, die sich für die südafrikanische Schifffahrt und maritime Wirtschaft interessieren. Während der Öffnungszeit am Samstagnachmittag kann man wunderbar mit anderen Interessierten ins Gespräch kommen oder einen Blick in maritime Bücher und Zeitschriften oder auf Fotografien und Videos werfen.

Die Gesellschaft versteht es als ihre Aufgabe, das reiche Erbe der südafrikanischen Schifffahrt zu bewahren und daran zu erinnern, wie eng die maritime Geschichte mit der Entwicklung des Landes verbunden ist.

Die 1950er-Jahre waren das goldene Zeitalter der Überseedampfer. Kapstadt, auch bekannt als „Taverne des Meeres“, war ein angesehener Hafen, in dem regelmäßig Schiffe aus unterschiedlichsten Nationen anlegten. In jener Zeit stritten sich an den Anlegern schiffsbegeisterte Fotografen um die besten Plätze für Aufnahmen der Ozeanriesen. 1953 gründeten sie dann die *Ship Society* und begannen, sich regelmäßig in der Krypta der St. George's Cathedral zu treffen. Angesichts der steigenden Mitgliederzahlen musste die Gruppe schon bald in das Gebäude der Schiffergesellschaft Union-Castle Line im Stadtzentrum ausweichen. 1971 zog die Society erneut um, an den Thibault Square, und sicherte sich schließlich Räume im Kapitänshaus am Pierhead der Victoria & Alfred (V&A) Waterfront. Im zugehörigen Clock Tower brachte die Society ihre wachsende Sammlung an Modellschiffen, Bildern und Keramik unter.

Infolge des Ausbaus der V&A Waterfront sah sich die Society gezwungen, in neue Räumlichkeiten am Duncan Dock umzuziehen. Der heutige Bau wurde 1942 errichtet und beherbergte ursprünglich den Hauptsitz der Kriegsmarine – HMSAS Bonaventure, besser bekannt als Bon 1.

Nach dem Zweiten Weltkrieg wurde Bon 1 aufgelöst, die Gebäude blieben jedoch im Eigentum der Navy. Ab 1955 befand sich hier die Verwaltung der Artilleriegeschütze der Coastal Command. Schließlich übernahm die South African Railways and Harbours den Standort, 1990 zog die *Ship Society* ein.

JETTY 1 ②

Eine herzzerreißende Erinnerung an die Zeit der Apartheid

Quay 5, V&A Waterfront
Täglich von 7–17.30 Uhr
Eintritt frei

Jahr für Jahr besteigen Tausende Menschen an der V&A Waterfront die Fähre, um nach Robben Island überzusetzen. Nur wenige, die das Ausstellungs- und Informationszentrums verlassen, wissen indes, dass sich der offizielle Anleger, an dem alle Inselüberfahrten begannen und endeten, eigentlich in einem kleinen, unscheinbaren Gebäude auf der anderen Seite des Hafens, genannt Jetty 1, befand. Dreißig Jahre lang kam jeder, der nach Robben Island übersetzte oder von der Insel zurückkehrte – Gefangene, Besucher, Wärter oder Mitarbeiter – hier vorbei. Jetty 1 erzählt die Geschichte von Hunderten von politischen und anderen Gefangenen, von deren Familien und Besuchern, die allesamt hier auf die Überfahrt an einen gefürchteten Ort warteten.

Heute befindet sich hier ein Nationaldenkmal, das Fährhaus beherbergt ein kleines, wenig besuchtes Museum, in dem man sich auf den harten Betten der Arrestzellen oder den leeren Bänken im Warteraum für Besucher niederlassen kann, an den Wänden Kopien von teils mit einem nachlässig vermerkten „OK" versehenen Besucheranträgen. Daraufolgende Anweisungen: „Das Boot verlässt die Cape Town Docks um 13.30 Uhr und fährt um 16 Uhr zurück. Kindern unter 16 Jahren sind Besuche von Verwandten auf der Insel untersagt." Die Fenster hinaus auf das in der Sonne glänzende Wasser, die Läden an der Waterfront und das sich gemächlich drehende Riesenrad sind vergittert.

Der ursprünglich als East Jetty („Ostmole") bekannte Anleger Jetty 1 war der erste am Victoria-Becken und schon lange vor der Apartheid eng mit Robben Island verbunden. Erbaut wurde er im 19. Jahrhundert von Gefangenen, die auf der damals von den Briten als Straflager und Krankenhaus genutzten Insel inhaftiert waren.

1925 wurde ein Teil von Jetty 1 zur alleinigen Nutzung für Robben Island abgetrennt. 1957 entstanden die Robben Island Offices. Nach der Übergabe der Insel als Hochsicherheitsgefängnis an den Gefängnisdienst im Jahr 1961 wurde Jetty 1 zum einzigen Anleger für Robben Island. Der ursprüngliche Wellblechbau wurde in den 1970er-Jahren abgerissen und durch das heutige Gemäuer ersetzt. 1988 erhielt das Büro den Namen Prisons Department Offices. Die letzten politischen Gefangenen von Robben Island wurden 1991 freigelassen. Das allgemeine Gefängnis wurde erst 1996 geschlossen. Fun Fact: 1990 wurde die V&A Waterfront eingeweiht, sodass das luxuriöse Einkaufszentrum und das Hochsicherheitsgefängnis eine Zeitlang eine eher ungewöhnliche Nachbarschaft pflegten.

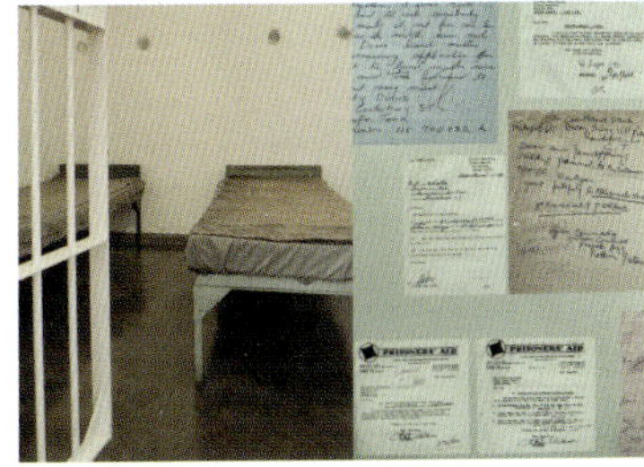

DIE TREADMILL AM BREAKWATER ③ PRISON

Ein Folterinstrument von einzigartiger Grausamkeit

Nördlicher Parkplatz, Universität Kapstadt, 8 Portswood Road – V&A Waterfront

Die Treadmill am Breakwater Prison befindet sich neben den Einzelzellen des einstigen Gefängnisses auf einem Parkplatz der Business School der Universität Kapstadt. Die hamsterradähnliche Vorrichtung ist vermutlich die einzige ihrer Art in ganz Subsahara-Afrika. Aufsässige Gefangene wurden entweder in Einzelhaft genommen oder zu stunden-, manchmal tagelangem Treten auf der Treadmill verurteilt.

Stunde um Stunde mussten sie jeweils 55 Minuten lang gleichförmig die Stufen der sich unaufhaltsam drehenden Treppe hinaufsteigen, über sich nur eine Stange, um sich festzuhalten. Wer abrutschte, schlug sich die Schienbeine an den Holzbrettern blutig. Neben der Anlage sind eine Reihe von Einzelzellen sowie zwei Todeszellen zu sehen. Die Hinrichtungsstätte Gallows Hill ist weniger als einen Kilometer entfernt und beherbergt heute die Verkehrsbehörde von Kapstadt. Ebenfalls neben der Treadmill steht noch eine Originalmauer des Gefängnisses mit Inschriften von Gefangenen des Burenkrieges, Bildern von Präsident Paul Kruger, Cecil John Rhodes und Freudenbekundungen über den Fall von Mafeking 1902.

Direkt unter dem Gefängnis wurde in einer Grube Stein abgebaut. Heute befinden sich am Rand des gefluteten Steinbruchs die V&A Marina und das *One & Only Hotel*. Die Gefangenen beförderten den Stein in Waggons bergauf, um ihn von dort durch einen Tunnel neben dem Dock House zu werfen, an dessen unterem Ende er schließlich für den Bau der Hafenmole verwendet wurde.

Das einzige Vergehen vieler Gefangener bestand darin, in Kapstadt vorzeitig den harten Schiffsdienst zu quittieren, zu dem sie in England gezwungen worden waren.

Das alte Hafengefängnis war ein markantes Wahrzeichen an der Küste vor Kapstadt, lange bevor Robben Island weltweit als Gefängnis Berühmtheit erlangte. Eigentlich gab es sogar zwei Breakwater-Gefängnisse: Das erste wurde 1859 zeitgleich mit der Mole für das Victoria-&-Alfred-Becken erbaut. Nach einem Streik 1885, als schwarze und weiße Sträflinge im Hof gemeinsame Treffen abhielten, machten die Behörden den „interrassischen Kontakt“ als vermeintliche Ursache für den Aufruhr aus und beschlossen, die Gefangenen zu trennen.

Das Industrial Breakwater Prison (das heute die Graduate School of Business beherbergt) wurde 1901 für männliche Gefangene errichtet. Vorbild für den Bau mit vier zinnenbewehrten Erkertürmen und einem innenliegenden Hof waren die englischen Haftanstalten von Milbank und Pentonville. Es wurde nur zehn Jahre als Gefängnis genutzt.

VERSCHWINDLAFETTE

④

Die einzige 9,2-Zoll-Verschwindlafette Afrikas

In der Nähe des Kapstadt-Stadions an einer Klippe gegenüber der Kreuzung Beach Road/Haul Road, Granger Bay
Fort Wynyard ist derzeit für die Öffentlichkeit geschlossen, das Geschütz ist jedoch von der Beach Road zu sehen

Wer entlang der Beach Road in Richtung V&A Waterfront fährt, dem fällt möglicherweise landseitig oberhalb einer schmalen Kante ein seltsamer weißer Vorsprung ins Auge. Es handelt sich hierbei um eine Verschwindlafette, die einzige in ganz Afrika und eine von nur wenigen ihrer Art weltweit. Im frühen 19. Jahrhundert stärkten die Briten die Verteidigungsanlagen an der Tafelbucht durch eine Reihe von Geschützstellungen. Die nach 1862 mit anderen Artilleriegeschützen aufgestellte 9,2-Zoll-Verschwindlafette bildet das Herzstück von Fort Wynyard.

Das Fort wurde neben oder über einer Stellung der Niederländischen Ostindien-Kompanie (VOC) aus dem 18. Jahrhundert, genannt Kyk in de Pot („Guck in den Topf"), errichtet. Der Name geht auf den Umstand zurück, dass die Stellung oberhalb einer Walfangstation mit riesigen Tranbecken lag. Fort Wynyard wurde noch weit in das 20. Jahrhundert hinein auch im Ersten und Zweiten Weltkrieg genutzt. Heute beherbergt die Anlage ein (nicht allgemein zugängliches) Militärmuseum sowie den Sitz der Cape Garrison Artillery. Bei der Verschwindlafette handelt es sich um eine Nachbildung, da der hölzerne Sockel unter den 26 Tonnen des (heute am Eingang des Forts stehenden) Originalgeschützes zusammenzubrechen drohte.

Was ist eine Verschwindlafette?

Die Verschwindlafette wurde in den 1860er-Jahren als schweres Artilleriegeschütz entwickelt, bei dem die Kanone nach dem Abfeuern durch den Rückstoß in einen tieferliegenden Bunker zurückschwenkte, wo sie abgeschirmt durch eine Brüstung neu geladen werden konnte. Das Geschütz war vom Meer aus kaum zu erkennen und konnte von Angreifern so nur schwer ins Visier genommen werden. Die Geschosse von Flachfeuergeschützen flogen zudem meist über die Stellung hinweg, ohne Schaden anzurichten. Auch das Laden wurde durch die abgesenkte hintere Öffnung, in die die Munition einfach eingeführt werden konnte, erleichtert.

Trotz einiger Vorteile handelte es sich jedoch um ein kompliziertes und raumgreifendes System, das zudem oft nur einen begrenzten Schusswinkel zuließ. Im Kampf gegen Schiffe erwies es sich als wirksam, Luftangriffen hingegen war es oft schutzlos ausgeliefert. Ab 1912 wurden die Waffen von der British Army für überholt erklärt.

DER SOCKEL DES LEUCHTTURMS AM MOUILLE POINT ⑤

Ein alter Leuchtturmrest

Cape Town Hotel School car park, 3 Beach Road, Mouille Point
Der Eintritt ist frei: Gehen Sie an den Schranken vorbei auf den Parkplatz und biegen Sie rechts ab. Die Basis des Leuchtturms befindet sich in der Nähe der Terrasse des Hotel School Restaurant

Der 1842 fertiggestellte Mouille Point Light war der zweite Leuchtturm von Südafrika und befand sich bis zum Bau des Breakwater Light am Hafen der Tafelbucht im Jahr 1908 in Betrieb. Heute ist alles, was vom Mouille Point Lighthouse übrigblieb, ein vier Meter hoher Steinsockel auf dem Gelände der Hotelfachschule der Cape Peninsula University of Technology in Granger Bay, dem Ort, an dem sich früher auch die alte Mouille Point Battery befand.

Der Name Mouille kommt aus dem Französischen und bedeutet hier so viel wie „verankern“ oder „festmachen“. Im frühen 18. Jahrhundert kam es in der Tafelbucht häufig zu Schiffbrüchen, sodass der Gouverneur den Bau einer Mole (nl. *moeilje*) anordnete.

Die Arbeiten begannen 1743. Alle Farmer, die die Stadt mit Waren belieferten, erhielten den Befehl, ihre Wagen mit Steinen zu beladen und diese nach Mouille Point zu bringen. Für den Bau wurden meist Sklaven und Strafgefangene eingesetzt. Als nach drei Jahren harter Arbeit nur 100 Meter errichtet waren, wurde das Projekt aufgegeben. Als 1781 die Franzosen kamen, bauten sie eine Geschützstellung nahe der unvollendeten Mole und nannten diese Batterie de Mouille Point.

Der Leuchtturm am selben Standort war ein eleganter, rund elf Meter hoher Bau mit zylinderförmig gemauertem Turm, einer umlaufenden Brüstung und einer aus Paris importierten achteckigen Laterne. Ein in den Fels geschlagenes, vier Meter tiefes Fundament diente als Ölspeicher. Der Turm war verputzt, mit roten und weißen Streifen gestrichen und verfügte über eine dioptrische Lampe, die jährlich rund 3,32 m^3 Fettschwanzschaföl verbrauchte.

Leider erfüllte der Leuchtturm am Mouille Point die strengen Anforderungen der Schiffskapitäne, die in der Tafelbucht navigierten, nicht. Viele fanden, dass das Licht zu schwach und kaum von anderen Lichtern am Ufer zu unterscheiden war. Tatsächlich kam es in der Bucht während der Betriebszeit des Leuchtturms zu einigen Schiffsunglücken, darunter die *RMS Athens*, die im großen Sturm von 1865 direkt vor ihm havarierte. Am 15. April 1908 wurde der Turm stillgelegt und kurz darauf abgerissen.

Heute wird der schöne, auffällig in Rot und Weiß gestrichene Green-Point-Leuchtturm ganz in der Nähe des früheren Standorts oft fälschlicherweise als Mouille Point Lighthouse bezeichnet.

DAS WRACK DER *RMS ATHENS* 

Der „große Sturm" und der Untergang der RMS Athens

Ein Teil des Motorblocks der RMS Athens ragt am Mouille Point aus den Wellen hervor – Parkplatz an der Kreuzung Beach Road/Fritz Sonnenberg Road Informationen zum Wrack finden sich auf einer Tafel am Rande des Parkplatzes

Der tragische Untergang der *Royal Mail Ship Athens* ereignete sich in der Nacht des 17. Mai 1865. Der 1856 gebaute, 739 Tonnen schwere und 68 Meter lange Koloss der Union Line unterstand dem Kommando von Kapitän David Smith, der dieses erst zwei Tage zuvor übernommen hatte. Mit einer Besatzung von 30 Mann verkehrte die *RMS Athens* sechs Jahre lang als Postschiff zwischen Southampton und Kapstadt.

Ihr Untergang ereignete sich beim Verlassen der Tafelbucht während des Great Gale von 1865. In diesem berühmten Sturm, dem zerstörerischsten in der Geschichte von Kapstadt, erlitten insgesamt 19 Schiffe Schiffbruch. Die *Athens* lag in jener Nacht in Vorbereitung einer Fahrt nach Mauritius in der Bucht vor Anker. Das letzte Seil riss gegen 18 Uhr. Kapitän Smith beschloss, hinauszufahren und zu versuchen, den Sturm in tieferen Gewässern abzureiten.

Vor Mouille Point schlugen heftige Wellen gegen den Rumpf. Der Motor mit seinen gerade einmal 130 PS brachte das Schiff nur langsam voran. Vermutlich brachten die mächtigen Wellen irgendwann die Kesselfeuer zum Erlöschen, sodass das Schiff unaufhaltsam aufs Ufer zudriftete.

Gegen 20 Uhr schlug es mit der Breitseite gegen den Fels. Die Bewohner von Green Point eilten mit Laternen, Seilen und Rettungsringen zum Strand, doch an Rettung war angesichts des schlechten Wetters nicht zu denken. Vom Schiff drangen verzweifelte Schreie herüber, die gegen 21.30 Uhr nach und nach verstummten.

Ein später in der Tageszeitung *Cape Argus* veröffentlichter Augenzeugenbericht beschreibt die Situation um 22 Uhr: „Das Schiff lag 50 bis 70 Meter vor dem Ufer und wurde von den Wellen immer wieder gegen den Fels geworfen und zerschmettert. Das Wasser spülte Kopfkissen und Kabinentüren ans Ufer, sodass kein Zweifel bestand, dass das Schiff vollständig zerstört war. Wenngleich am Strand keine Leichen gefunden wurden, so erschien es angesichts der gewaltigen Wellen und der wilden Brandung unmöglich, dass auch nur einer der unglücklichen Menschen an Bord lebend an Land gelangt sein konnte."

28 Männer starben in jener Nacht im kalten Wasser des Atlantiks. Der zweite und dritte Offizier kamen mit dem Leben davon, da sie tagsüber an Land gewesen waren und aufgrund des schlechten Wetters nicht zum Schiff gelangen konnten. Heute ist von der *RMS Athens* nur noch der Motorblock zu sehen, der rund 50 Meter vor Mouille Point aus der Brandung ragt.

Das einzige Lebewesen, das die Havarie überlebte, war ein Schwein, dem es irgendwie gelungen sein muss, an Land zu schwimmen.

DER „GRAND VLEI“ ⑦

Austragungsort der Segelregatten am Green Point Common

Green Point Urban Park
Der See liegt östlich des Weges zwischen Biodiversity Garden und Golfplatz
Täglich von Sonnenauf- bis Sonnenuntergang

Der Green Point Urban Park ist ein wunderbarer Ort für ein entspanntes Familienpicknick im Grünen. Zwischen Park und Golfplatz liegt ein schöner, neu angelegter See just an dem Ort, an dem sich bereits im 19. Jahrhundert ein großer Teich befand. In einer natürlichen Senke (auf Afrikaans *vlei*) sammelte sich im Winter Wasser, auf dem dann saisonal Segelregatten stattfanden. Diese erfreuten sich derart großer Beliebtheit, dass junge Segler 1887 den *Green Point Amateur Boat and Canoe Club* gründeten. 1889 ließ die Kommunalverwaltung den See durch Anheben der Ufer und Umleitung von Regenwasser vertiefen und erweitern. So wurde der Grand Vlei zu einem beträchtlichen Gewässer mit knapp zwei Kilometern Umfang und zwei Metern Tiefe. Höhepunkt des Jahres war jeweils der Regatta Day Anfang September. Die Clubmitglieder trugen Uniformen mit weißen Segeltuchhosen, blauen Sakkos und Mützen mit dem Clubabzeichen. Die Boote für diese Regatten entstanden in der nahen Werft von Three Anchor Bay, in der die Gebrüder Juritz Holz-Dinghys bauten. Nach nur zehn Jahren wurde der *vlei* im Zweiten Burenkrieg (1899–1902) trockengelegt und aufgeschüttet, um zu verhindern, dass von dem darin stehenden Wasser eine Gefahr für die Gesundheit der Soldaten und Kriegsgefangenen in den von den Buren errichteten Lagern ausging.

Das Gemeindeland von Kapstadt

Die Küstenebene am Green Point Common blickt auf eine lange Geschichte als öffentliches Naherholungsgebiet zurück. Seit den Zeiten der ersten Siedler am Kap 1652 wird *De vlakte genaamdt de Groene Punt* öffentlich genutzt. Im 18. Jahrhundert war der Green Point Common als *De Waterplaats* („Gezeitensaum") bekannt und erstreckte sich von der Three Anchor Bay bis hin zur Stadt. 1862 wurde das erste Rugbyspiel in Südafrika zwischen Armeeoffizieren und lokalen Verwaltungsbeamten am Green Point Common ausgetragen. Es endete unentschieden mit 0:0.

1900 überzeugte eine Gruppe von Golfern die Behörden, ihnen Land für einen Golfplatz zur Verfügung zu stellen. Mit einigen Änderungen belegt die Anlage noch heute einen wesentlichen Teil des Gemeindelands. Immer wieder fanden am Common auch Pferderennen statt und das Gebäude, in dem heute McDonalds untergebracht ist, war einst die Tribüne. Weitere Zuschauer fanden an den Hängen von Signal Hill Platz. *Last but not least* wurden hier auch die ersten Cricket-Partien der Stadt abgehalten, während der Green Point Track zum Radfahren und für verschiedene Mannschaftssportarten beliebt war.

KAJAKFAHREN IN DER THREE ANCHOR BAY

8

Einige der schönsten Aussichten am Kap

Three Anchor Bay Beach
Vermietung von Kajaks bei Kaskazi, 179 Beach Road
083-346-1146
kayak.co.za

Three Anchor Bay ist der perfekte Ort, um ins Kajak zu steigen und die Tafelbucht vom Wasser aus zu erkunden. Nach Umrunden des Green Point in Richtung Granger Bay im Norden beziehungsweise in Richtung Clifton Beach im Süden erwarten den fleißigen Paddler einige der schönsten Aussichten am Kap. An den Felsen und im Wasser lassen sich zahlreiche Vogelarten beobachten, darunter verschiedene Arten von Kormoranen, Möwen, Schwalben und Tölpeln sowie gelegentlich afrikanische Pinguine. Nicht selten wird man im Kajak von Robben und Delphinen begleitet. Mit ein wenig Glück lassen sich vor allem im Winter und im Frühjahr Südkaper oder Buckelwale blicken. In dem Laden an der Tankstelle neben dem Strand können Kajaks gekauft und gemietet oder Tagestouren auf dem Meer gebucht werden.

Die Selbsttötung von Ingrid Jonker

Ingrid Jonker war eine liberale Dichterin, die oft als „südafrikanische Sylvia Plath" bezeichnet wurde. In den frühen Morgenstunden des 19. Juli 1965 ging Jonker im Alter von nur 31 Jahren in der Three Anchor Bay ins Wasser und ertrank.

Jonker schrieb auf Afrikaans. Ihre Gedichte wurden in zahlreiche Sprachen übersetzt. Ihre Sensibilität und ihr moderner Geist machen sie mit der wiederentdeckten Relevanz ihrer Texte zu einer literarischen Ikone für eine ganze Generation Südafrikaner. Jonkers konservativer Vater war Vorsitzender des Parlamentsausschusses für Zensurgesetze. Zu seinem großen Unmut verurteilte Ingrid diese Gesetze scharf, sodass er sie öffentlich verstieß.

Die Dichterin führte ein ausschweifendes Leben und hatte Verhältnisse mit den Schriftstellern André Brink und Jack Cope. Eines dieser Verhältnisse endete in einer Schwangerschaft. Infolge der darauffolgenden Abtreibung und der anhaltenden Ablehnung durch ihren Vater verschärften sich ihre mentalen Probleme, sodass Jonker 1961 in das Valkenberg Psychiatric Hospital eingewiesen wurde.

Ihr zweiter Gedichtband wurde mit Begeisterung aufgenommen. Sie wurde Mitglied der Autorengruppe *Die Sestigers*, die das konservative afrikaanse Literatur-Establishment herauszufordern suchte. 1965 erlitt Ingrid unter Einfluss von Medikamenten und Alkohol einen weiteren Zusammenbruch. Kurz vor ihrem Tod wurde sie Zeugin eines Verbrechens, bei dem ein schwarzes Baby in den Armen seiner Mutter erschossen wurde. 1994 las Nelson Mandela ihr Gedicht *Die Kind Wat Doodgeskiet is Deur Soldate by Nyanga* in seiner Eröffnungsansprache zur ersten frei gewählten südafrikanischen Nationalversammlung.

DIE CHARLES-DARWIN-FELSEN ⑨

Felsen in Sea Point, auf denen schon Darwin wandelte

Parkplatz am Südende von Queens Beach, nahe der Kreuzung Beach Road/ Alexander Road in Sea Point
Beim Blick über den Rand der Sea Point Promenade kommen die darunterliegenden unterschiedlich gefärbten Felsen ins Blickfeld
Eine Tafel an der Sea-Point-Promenade hält Informationen für Interessierte bereit

Bei leichter See klettern oft Surfer über die bunt gestreiften Felsen am südlichen Ende von Queens Beach, um sich von dort aus in die Wellen zu stürzen. Felsen, die 1836 bereits Charles Darwin auf seiner epischen Weltreise an Bord der *HMS Beagle* unter die Lupe nahm.

Eine Informationstafel auf dem Parkplatz verweist auf Darwins Beobachtung, wonach es sich bei dem hier in den Granitfels eingebetteten Basalt-Vulkan-Gestein um eine einzigartige geologische Erscheinung handelt. Eine Zeichnung der *Beagle* sowie Zitate aus Darwins Arbeiten sind ebenfalls auf der Tafel zu finden.

Eindrucksvoll ist vor allem der Bereich, in dem dunkler Schiefer auf helles, intrusives Granitgestein trifft. Dieses interessante Beispiel für das Aufeinandertreffen von Sediment- und Eruptivgestein wurde erstmals 1818 von Clarke Abel beschrieben. Es zeigt, wie vor rund 540 Millionen Jahren Granitschmelze in den älteren, dunkleren Schluff der Felsen der Malmesbury Group eindrang. Dies geschah zunächst nur in großer Tiefe. Durch anhaltende Erosion gelangte der Granit jedoch schließlich an die Oberfläche, wo er die Grundlage für Ablagerungen jüngeren Sedimentgesteins der Tafelberg-Gruppe bildete. Diese Beobachtungen hatten großen Einfluss auf unser heutiges geologisches Verständnis.

Die Schlüsse, die Darwin später, nach seiner Rückkehr nach England, aus den Felsen am Sea Point (den er irrtümlicherweise als Green Point bezeichnete) zog, waren das Ergebnis von acht Jahren wissenschaftlichem Austausch.

1953 wurden die Felsen zu einem historischen Denkmal erklärt, und der National Monuments Council ließ eine Bronzetafel anbringen. Diese wurde 2010 vermutlich wegen ihres Materials gestohlen und von der Stadtverwaltung von Kapstadt durch eine Tafel aus synthetischem Material ersetzt, die über die geologischen Besonderheiten dieses Ortes informierte. Auch diese Tafel wurde jedoch bei einem versuchten Materialdiebstahl beschädigt.

„Man muss vielmehr erst Jahre lang selbst diese ungeheuren Stösse übereinander gelagerter Schichten untersucht und die See bei der Arbeit, wie sie alte Gesteinsschichten abschleift und zertrümmert und neue Ablagerungen daraus bildet, beobachtet haben, ehe man hoffen kann, nur einigermassen die Länge der Zeit zu begreifen, deren Denkmäler wir um uns her erblicken."
Charles Darwin, *Die Entstehung der Arten*, 1859

ROUNDHOUSE

Eine „geheime Romanze" in der Jagdhütte

Round House Road (Nähe Kloof Road)
Camps Bay
021-438-4347

Das Roundhouse ist ein schön im Grünen gelegenes Gebäude an den Hängen des Lion's Head. Über die Jahrhunderte wurde es in verschiedenster Weise genutzt. Berühmt wurde es jedoch vor allem als Jagdsitz von Lord Charles Somerset.

Aufgrund seiner strategischen Lage fiel die Wahl für den Bau eines Wachpostens der Niederländischen Ostindien-Kompanie (VOC) 1786 auf diesen Ort, der eine weite Aussicht über den Atlantik bot und damit ideal war, um Kapstadt vor Angriffen von der Seeseite aus zu schützen.

Lord Charles Somerset, Kap-Gouverneur von 1814 bis 1827, war für seine Extravaganz bekannt. Er erweiterte und restaurierte den einfachen Bau und machte ihn zu seinem Jagdsitz. Bezahlt wurden die Umbauten von der britischen Regierung, was unter den Siedlern beträchtlichen Unmut hervorrief.

Somerset ließ die gebogene Front mit einer Veranda versehen und modische französische Fenster einbauen. Am Ende besaß das Roundhouse einen Salon, eine Vorhalle, drei Schlafzimmer, eine Küche sowie drei Räume im Untergeschoss und Zimmer für Sklaven. Nach Tagen der Jagd auf Leoparden und Antilopen an den Hängen des Tafelbergs zogen sich Somerset und seine Gäste gerne in die opulente „Jagdhütte" zurück.

Somersets Abreise 1827 bedeutete keineswegs das Ende der Gastfreundschaft im Roundhouse. Ab 1848 war die Camps Bay mit dem Bau der Kloof Road für die Bewohner von Kapstadt besser erreichbar. Seit Mitte des 19. Jahrhunderts wurde das Roundhouse wechselnd als Teestube, Tanzlokal, Hotel und (wie auch heute) Restaurant genutzt.

Um das Gebäude ranken sich viele Legenden. Am spannendsten liest sich dabei die Geschichte von Doctor James Barry. Als Arzt der Familie und einer von Lord Somersets engsten Freunden hielt Barry sich oft im Roundhouse auf. Die innige Freundschaft der beiden Männer führte zu Gerüchten über eine mögliche homosexuelle Liebesbeziehung.

Barry hatte eine schrille Stimme und ein eigenwilliges Erscheinungsbild, galt jedoch als hervorragender Chirurg und der Arzt, der den ersten Kaiserschnitt in Afrika vornahm. Der erstaunlichste Aspekt dieses Mannes wurde jedoch erst nach seinem Tod bekannt. Nachdem Barry 1865 an einer Infektion starb, stellte die Schwester, die seinen Leichnam aufbahrte, fest, dass der angesehene Arzt in Wahrheit eine Frau gewesen war.

Seitdem soll Barrys Seele als „Dame des Hauses" durch das Roundhouse streifen. Manche behaupten gar, ihren Geist in Militärkleidung oder zu Pferde in der Nähe des Hauses gesehen zu haben.

ROTUNDA

Die Grande Dame von Camps Bay

69 Victoria Road (hinter dem The Bay Hotel)
Camps Bay
021-430-4444

Die von Palmen umgebene Rotunda ist ein erhabener, geometrischer Kuppelbau, in dem sich um die Jahrhundertwende die High Society zu treffen pflegte. 1904 erbaut, war das Gebäude zunächst Teil eines Hotels und beliebter Veranstaltungsort. Der Rundbau besaß hohe Decken und eine Empore sowie im Zentrum einen schweren Kronleuchter. Die Geschichte der Rotunda, die heute Teil des *The Bay Hotel* ist, reicht bis in das Jahr 1901 zurück. Der inoffizielle Bürgermeister von Camps Bay, James Riddell Farquhar, hatte einen Plan entwickelt, die Bucht von einem verschlafenen Wohnort in ein Ferienresort zu verwandeln. Dieser sah auch die Pflanzung der strandseitigen Palmenreihe vor, mit der Farquhar Camps Bay zu einem „kleinen Brighton" machen wollte. Auch die Rotunda entstand im Zuge dessen.

Zunächst als Konzerthalle mit Pavillon gedacht, wurde sie über die Jahrzehnte wechselnd als Ballsaal, Theater, Rollschuhbahn und Veranstaltungsort für Ausstellungen und Gottesdienste genutzt. Auch Boxkämpfe fanden hier bereits statt.

Suzanne Krige erinnert sich mit leuchtenden Augen daran, wie sie während des Zweiten Weltkriegs zum Tanzen in die Rotunda kam. „In meiner Zeit als Studentin fuhren wir samstagabends immer von den südlichen Vororten nach Camps Bay. Die Band auf der Bühne spielte Big-Band-Hits, vor allem Glenn Miller. Es war einfach magisch."

In den 1950er-Jahren wechselte die Rotunda den Besitzer. Die Satz Brothers wollten sie abreißen und stattdessen einen siebenstöckigen Wohnblock bauen lassen. Nach Protesten von Anwohnern, die vorbrachten, dass dadurch nicht nur ein schönes florentinisches Gebäude, sondern auch ihr Blick auf die Bucht zerstört würde, wurde für das Gebiet eine generelle Höhenbegrenzung auf drei Stockwerke erlassen.

Das Grundstück wurde vom Stadtrat umgewidmet und enteignet und die Rotunda vor dem Abriss gerettet. Später wurden in den 1950er-Jahren durch die SA Breweries vorgenommene moderne Ergänzungen entfernt und der ältere Gebäudeteil in das *The Bay Hotel* integriert. 1974 wurde die Rotunda zum Nationaldenkmal erklärt.

BETA BEACH

Ein verborgenes Paradies für Sporttaucher

Bakoven
Parkplatz am Beta Close, Nähe Beta Road, Bakoven
Dem Weg hinunter zum Strand folgen

Der Name des kleinen Vororts Bakoven (nl. für Backofen) geht vermutlich auf einen im Meer gelegenen Fels in Form eines traditionellen Holzofens zurück. Das Erscheinungsbild des Dorfes ist geprägt von nah am Ufer gelegenen Küstenbungalows und -häuschen sowie gehobeneren Penthouse-Apartments und luxuriösen Villen in Hanglage.

Bakoven Beach (auch bekannt als Beta Beach) ist ein schmaler, im Frühjahr bei Flut kaum vorhandener Strandabschnitt. Neben weißem Sand findet man an diesem malerischen Ort nur einige Granitblöcke und eine Handvoll Häuser. Vorm Southeaster weitgehend geschützt, lässt es sich wunderbar in der Sonne oder in Gezeitentümpeln baden oder eine Runde Kajak fahren. Mit den Zwölf Aposteln als Kulisse zeigt sich die Bucht hier von ihrer dramatischen Seite. Die Felsen am westlichen Strandende sind ideal für einen entspannten Sundowner.

Die Unterwasserwelt ist ebenfalls spektakulär. Neoprenanzug, Maske und Schnorchel sollten daher in keiner Strandtasche fehlen. Und auch Sporttaucher kommen am Bakoven Rock auf ihre Kosten. Wunderbar abtauchen lässt es sich an der Betonrampe für Rettungsboote sowie an jeder anderen geeigneten Stelle in der westlich von Beta Beach gelegenen Bucht.

Der Untergrund ist steinig und im flacheren Wasser mit Kelpwald bewachsen. Weiter draußen sorgt weißer Quarzsand für optimale Sichtverhältnisse. Insbesondere an den geschützten, vertikal hervorstehenden Flächen tummelt sich eine Vielzahl wirbelloser Rifflebewesen, die hervorragende Fotomotive abgeben. Um einen Blick in Felsspalten werfen zu können, ist eine Lampe nützlich. Ein Kompass hilft, am Ende des Tauchgangs den Rückweg zu finden.

Bei westlicher Dünung ist die Brandung hier bisweilen sehr kräftig. Während beziehungsweise nach südöstlichen Winden oder bei sanftem Schwell sind die Bedingungen am besten. Dies ist meist im Sommer der Fall, doch auch ganzjährig bieten sich immer wieder gute Gelegenheiten.

IN DER UMGEBUNG

Andere Tauchplätze

Weniger als zwei Kilometer nördlich von Bakoven liegt rund 100 Meter vor dem Ufer Clifton Rock. Das Gebiet umfasst große Felsen, die eine fantastische Unterwasserlandschaft mit geschützten Lebensräumen für Nacktkiemer, Seesterne, weiche Schwämme und verschiedene Schalentiere bilden. Ein weiterer toller Tauchspot ist das Felsriff von Coral Gardens, drei Kilometer südwestlich von Bakoven in Oudekraal. Über wie unter Wasser ist die Landschaft hier von großen Granitfelsen mit unzähligen Überhängen, Spalten und kleinen Höhlen gekennzeichnet, die immer wieder zum Durchtauchen einladen. Coral Gardens ist berühmt für seine Steinkorallen (*Allopora nobilis*).

DER STRAND AUF DEM TAFELBERG

(13)

Ein weißer Sandstrand, wo man ihn am wenigsten erwartet

Ausgangspunkt: Kirstenbosch Botanical Gardens
Täglich von 8–18 Uhr

Kapstadt ist für seine sanftweißen Sandstrände berühmt. Einen von ihnen dürften jedoch nur die engagiertesten Besucher zu sehen bekommen, denn er liegt hoch oben auf dem Gipfel des Tafelberges und ist nur über eine anstrengende Wanderung zu erreichen. Ist der Aufstieg über den Skeleton Gorge geschafft, bleibt, die Füße im weißen Sand, einzig die Frage, wie dieser Strand auf den Gipfel eines Berges kommt.

Die Antwort lautet: Dieser Strand ist von Menschenhand gemacht. Doch nicht so, wie man es von Ferienanlagen im Landesinneren kennt. Dieser Strand wurde nicht absichtlich angelegt, sondern ist das Nebenprodukt der Dämme, die im ausgehenden 19. Jahrhundert am sogenannten Back-Table gebaut wurden (nähere Informationen dazu auf Seite 104). Der Strand liegt am äußersten Ende des knapp eine Milliarde Liter Wasser fassenden Hely-Hutchinson-Damms nahe der Stelle, an der der Disa River in den See mündet.

Tafelbergsandstein (das Hauptgestein der Kap-Halbinsel) ist meist grau und gilt als extrem wetterbeständig. Das Wasser im Stausee ist von klarem, hellem Orange. Die Farbe erinnert an Tee und stammt von Tanninen, Pflanzensäuren, die von der Fynbos-Vegetation in das Wasser einsickern. Mit der Zeit haben diese Tannine die im See liegenden Felsen stark ausgebleicht – sie sind heute fast weiß – und geschwächt.

Bläst nun bei niedrigem Wasserstand der berühmte Kapdoktor, wird der Fels zu feinem, weißem Sand erodiert und in diesen geschützten Winkel geweht, wo er sich ansammelt. Das Entstehen des Strandes und der Sanddünen dauerte mehr als 100 Jahre, sodass dies der wohl älteste und zeitaufwendigste von Menschenhand erschaffene Strand der Welt sein dürfte.

Um zum Strand zu gelangen, folgen Sie der Skeleton-Gorge-Route auf den Tafelberg mit Start am Botanischen Garten Kirstenbosch. Zurück geht es auf demselben Weg oder am Damm entlang und dann links über die Nursery-Ravine-Route wieder hinunter nach Kirstenbosch. Eine weitere leichte Wanderung führt über den Woodhead-Staudamm nach Kasteelspoort, wo die Reste der alten Seilbahn sowie eine fantastische Aussicht über Camps Bay bewundert werden können. Für den Ausflug sollten Sie mindestens vier Stunden veranschlagen.

RELIKTE DES KASTEELSPOORT CABLEWAY

(14)

Spurensuche zur ersten Seilbahn auf den Tafelberg

Am oberen Ende der Kasteelspoort-Schlucht, Table Mountain National Park
Zugang von Sonnenauf- bis Sonnenuntergang
Eintritt frei

Viele Wanderer führt der Weg über die Kasteelspoort-Route auf den Tafelberg. Zurück ins Tal nutzen einige von ihnen die moderne Seilbahn. Was jedoch nur wenige wissen ist, dass sich die erste Seilbahn am Tafelberg eigentlich am Kasteelspoort befand und die alte Station noch heute nur wenige Meter abseits der Wanderroute zu sehen ist. Wenden Sie sich oben an der Kasteelspoort Ravine angekommen nach rechts in Richtung Zwölf Apostel und Corridor Ravine Trail. Biegen Sie nach einigen Minuten erneut rechts auf einen schmalen Weg ein, der direkt zum nördlichen Rand der Postern Buttress führt. Dort stoßen Sie an einem atemberaubenden Abhang auf eine große Betonplattform mit rostigen Überresten der Verankerungen der früheren Seilbahn.

Diese sind praktisch der letzte Beweis für eines der ehrgeizigsten Bauprojekte von Kapstadt. Bis in die späten 1880er-Jahre wurde die Stadt mit Wasser aus den Flüssen am Tafelberg versorgt. Zwischen 1890 und 1907 entstanden auf dem Tafelberg Stauseen, um den steigenden Trinkwasserbedarf zu decken. Kasteelspoort bot den einfachsten Zugang zu diesen Baustellen. Tag für Tag mühten sich endlose Schlangen von Trägern den Berg hinauf. 1893 wurde die Kasteelspoort-Seilbahn gebaut, um den Transport von Ausrüstung und Baumaterialien zu erleichtern. Die Talstation dieser dampfgetriebenen Bahn lag oberhalb von Camps Bay, die Bergstation 650 Meter höher. Dank der Seilbahn entstand auf dem Berg eine kleine Ortschaft samt Bank, Postamt und eigenem Laden.

Der erste Staudamm am Woodhead Reservoir wurde 1898 fertiggestellt. Ein Jahr später wurde klar, dass ein zweiter Damm benötigt wurde. Der Bau von drei weiteren Staudämmen auf der anderen Seite des Berges erfolgte über die Wynberg Trolley Track, von der heute keine Zeugnisse mehr vorhanden sind.

> *Eine der spektakulärsten Fotolocations am Tafelberg*
>
> Ganz in der Nähe der Relikte der alten Seilbahn befindet sich mit dem sogenannten Diving Board Rock eine der wohl spektakulärsten Fotolocations am Tafelberg.

IN DER UMGEBUNG

Das Waterworks Museum

Das Museum ist abgeschlossen, wird jedoch auf telefonische Anfrage unter Angabe von Besuchsdatum und geschätzter Ankunftszeit gerne für Besucher geöffnet – 021-686-3408

In der Nähe der Staumauer am Hely-Hutchinson-Damm liegt, nur für Wanderer erreichbar, ein kleines Steinhaus, in dem verschiedene Exponate aus Zeiten des Staudammbaus zu sehen sind, darunter eine kleine Dampflokomotive, die Material von der Seilbahn zu den 2,6 Kilometer entfernten Dämmen beförderte. Die Lokteile gelangten mit der Kasteelspoort-Seilbahn auf den Berg, doch der Kessel war zu groß und wurde in zweiwöchiger Schwerstarbeit per Seilwinde auf einem Holzschlitten die Schlucht hinaufgezogen.

TRANQUILITY CRACKS

⑮

Ein nur schwer auffindbarer Ort

Table Mountain National Park
GPS S33°58.811; E18°23.012
Zugang von Sonnenauf- bis Sonnenuntergang
Für die Wanderung sollten Sie sechs bis sieben Stunden einplanen
Eintritt frei

Auf den Gipfeln der Zwölf Apostel oberhalb von Camps Bay zieht sich eine Reihe tiefer Risse durch den Tafelbergsandstein. Diese bilden ein natürliches Labyrinth aus Gängen und steinernen Pfeilern, das sich teilweise bis zu fünf Meter tief in den Berg erstreckt.

Einst ein streng gehütetes Geheimnis der lokalen Klettercommunity, entzieht sich dieses spektakuläre Wanderziel aufgrund seiner verborgenen Lage noch heute den Massen. Bis man sich mittendrin befindet, ist es praktisch unsichtbar, selbst, wenn man mit dem GPS in der Hand direkt vor dem Eingang steht. Wem es gelingt, die Tranquility Cracks zu finden, hat diese meist ganz für sich.

Am einfachsten sind sie über den Pipe Track vom Parkplatz oben an der Kloof Nek Road aus zu erreichen. Nach rund 40 Minuten Gehzeit folgen Sie links der beschilderten Kasteelspoort-Route, die zum Gipfel hinaufführt. Oben angekommen wenden Sie sich nach rechts in Richtung Corridor Ravine.

Nach rund 20 Minuten gelangen Sie oben an eine kleine Felsnase. Halten Sie einige Meter nach diesem Anstieg zu Ihrer Rechten nach einem kleinen Steinmännchen und einem überwucherten Pfad Ausschau. Wenn Sie die Slangolie Ravine erreichen, sind Sie schon zu weit. Folgen Sie diesem Pfad so gut es geht zur Bergkante und dem Felsvorsprung auf der rechten Seite. Mit ein wenig Übung und viel Glück finden Sie den knorrigen Yellowwood-Baum, der den Eingang zu der Spalte bewacht, die tief in den als Slangolie Face bekannten Vorsprung hineinführt.

Eine grasbewachsene Lichtung, umgeben von Gängen, die sich in die verzerrte Felswand winden, ist ideal für eine Rast mit Blick auf die Apostel, die spitze Nadel des Lion's Head und, tief unter Ihnen, Camps Bay.

Wer nach Besichtigung der Tranquility Cracks einen anderen Weg zurückgehen möchte, wendet sich zurück auf dem Hauptweg nach rechts und geht, Kapstadt im Rücken, weiter. Der Abstieg erfolgt über die Corridor Ravine und, ein paar Kilometer weiter hinten, über den Kasteelspoort Trail zurück zum Pipe Track. Achten Sie darauf, dass Sie kurz vor der Corridor Ravine nicht versehentlich die gefährliche Woody Ravine erwischen.

Für diese anstrengende Tour, die sich nur für geübte Wanderer eignet, sollten Sie mindestens sechs bis sieben Stunden einplanen. Vergessen Sie nicht, Sonnenschutz, eine warme Jacke (auch bei guter Witterung!), ausreichend Verpflegung und viel Wasser mitzunehmen und lassen Sie auf dem Berg nichts als Ihre Fußspuren zurück.

WANDERUNG AUF DER HALBINSEL OUDESCHIP

⑯

Eine geschichtsträchtige Wanderung

Ausgangspunkt ist der kleine Parkplatz an der Sunset Avenue, Llandudno

Ganz ehrlich: Viele Kapstädter meiden die Sandy Bay. Wir sind relativ prüde, sodass unser einziger Nacktbadestrand zwar paradiesisch schön, aber selten überfüllt ist. Wenn es Ihnen nichts ausmacht, sich irgendwie *overdressed* zu fühlen, finden Sie an der Sandy Bay jedoch den Ausgangspunkt zu einer fantastischen, überraschend wenig bekannten Wanderung. Vom Parkplatz an der Sandy Bay in Llandudno folgen Sie zunächst dem Weg hinunter zum Strand, wo Sie dann durch den Sand gehen und links in einen schmalen Weg einbiegen, der in einen dichten Milkwood-Wald führt. Wegmarkierungen gibt es keine, dafür mehrere Sackgassen. Halten Sie sich einfach in Küstennähe, dann finden Sie bald den Pfad über die Felsen zur Oudeschip-Halbinsel. Halten Sie Ausschau nach Robben und Walen. Nach rund einer Stunde gemütlichem Gehen sind die Halbinsel und das erste Schiffswrack, die *Harvest Capella* (1986), erreicht. Bei Flut muss man die Hosen hochkrempeln, um durch eisiges Wasser zum Wrack zu waten. Es empfiehlt sich daher, die Wanderung so

zu timen, dass bei Ankunft gerade Ebbe ist und man das rostige Wrack und die umliegenden Felsen trockenen Fußes erkunden kann. Der Ort ist auch ideal für eine Rast. Von der Halbinsel hat man außerdem gute Sicht auf das zweite Wrack in diesem Küstenabschnitt. Die *Bos 400* (1994) ist ein französisches Kranschiff, das bei schwerer Wintersee während eines Schleppvorgangs in der Maori Bay auf Grund lief. Ironischerweise ist diese Bucht nach einem anderen hier havarierten Schiff benannt. Am 5. August 1909 fuhr die *SS Maori* um ein Uhr nachts mit 2.300 Tonnen Schienen, Sprengstoff, Wein und Champagner an Bord auf einen Felsen am Duiker Point auf und sank. 32 Menschen kamen ums Leben. Das gut erhaltene, rund 13 Meter unter der Wasseroberfläche liegende Wrack ist vom Ufer aus nicht zu sehen, ist jedoch ein beliebter Tauchspot. Von Oudeschip kann man entweder auf demselben Weg zurück zur Sandy Bay gehen oder dem steilen Weg hinauf zu einem Beobachtungsposten folgen. Dieser wurde 1913 als Lagerplatz für Rettungsausrüstung errichtet, steht heute jedoch leer. Gehen Sie hier nach rechts rund eine Stunde weiter zur Maori Bay oder folgen Sie dem Weg bergauf links über die Schotterstraße. In Sandy Bay Nek gelangen Sie nach links zurück zur Sandy Bay, wo Sie sich wie Gott Sie schuf bei einem Bad erfrischen können. Die Wanderung dauert insgesamt drei bis vier Stunden. Machen Sie sich nicht allein auf den Weg und achten Sie darauf, dass Sie nicht von Ihrer Gruppe getrennt werden, da leider immer wieder von Überfällen berichtet wird.

DUNGEONS SURFSPOT

Die größten Wellen von ganz Afrika

Am Sentinal Peak, Hout Bay – Vom Boot aus ab Hout Bay Harbour oder vom Ufer aus (Parkmöglichkeit in der Ortschaft Hangberg; von dort über den Hügel zu den Westausläufern des Karbonkelberg)
Die „Big Wave" zeigt sich nur ein paar Mal im Jahr

Dungeons ist unter Surfern für seine Riesenwellen berühmt. Zu finden ist dieser Hotspot der Szene vor dem hoch über der Hout Bay thronenden Gipfel des Sentinel. Die Welle, ein rechtsbrechender Reefbreak, ist aufgrund ihrer Wucht gefürchtet; nur die erfahrensten und wagemutigsten Surfer wagen sich in ihre Nähe. Die gewaltigsten Wogen entstehen bei einem langen Groundswell aus südwestlicher Richtung. Am 30. Juli 2006 ritten einige Tow-in-Surfer in einer legendären Session über 18 Meter hohe Wellen und stellten damit einen neuen Afrika-Rekord auf.

Die besten Bedingungen findet man an diesem launischen Spot meist an stürmischen Wintertagen. Nur eine Handvoll Wellenreiter stellt sich dem Meer dann furchtlos hinauspaddelnd oder vom Jetski gezogen (Tow-in-Surfing) entgegen. Die Beobachtung von außen ist aufgrund der natürlichen Gegebenheiten nicht ganz einfach. Die besten

Informationen erhält man über die Wettervorhersage und Websites wie wavescape.co.za oder windguru.cz. Halten Sie Ausschau nach Swells von über fünf Metern in Kombination mit einer Wellenperiode von über 15 Sekunden. Das richtige Timing ist das A und O, um hautnah dabei zu sein, wie diese unerschrockenen Krieger die Wellen bezwingen. Entweder man ergattert einen Platz auf einem der Boote, die bei hohen Wellen oft mit Fotografen an Bord vom Hafen in Hout Bay hinausfahren, oder man begnügt sich mit dem Blick durchs Fernglas von den Hängen des Karbonkelberg aus. Die ersten, die den langen Weg durch die Shark Alley, umgeben von Robben und weißen Haien, hinauspaddelten und den Dungeon ritten, waren 1984 Peter Button und Pierre de Villiers. In den 1990er-Jahren wagte sich ein weiteres Duo – Cass Collier und Ian Armstrong – gezogen von örtlichen Fischern hinaus zum Break. Ab 1999 wurde zehn Jahre lang der Red Bull Big Wave Africa Contest ausgetragen. Dieser machte den Spot berühmt. Bei idealen, windstillen Bedingungen, einem Swell von über fünf Metern und einer Periode von mehr als 20 Sekunden, zeigt sich Dungeons von seiner spektakulären Seite. Auf einer Länge von 775 Metern rollen dann gewaltige Wasserberge mit 35 Metern pro Sekunde (126 km/h) auf die Küste zu und türmen sich am „Sturmkap“ bis zu zehn Meter hoch auf.

DER VERWAISTE TISCH IM CAFÉ *DEUS EX MACHINA* ⑱

Der Geist von Kronendal

140 Main Road, Hout Bay
021-569-0625
Montag von 7.30–17 Uhr; Dienstag–Samstag von 7.30–11 Uhr;
Sonntag von 7.30–19 Uhr

Besucher des Café *Deus Ex Machina* erfreuen sich gerne am eleganten Dekor des schönen alten Gebäudes, an gutem Essen und dem aufmerksamen Service. Im Foyer fällt ein schön gedeckter Tisch für zwei ins Auge, an dem jedoch niemand sitzt.

Er setzt eine seit vielen Jahren bestehende Tradition fort, die mit der Legende von Gut Kronendal in Zusammenhang steht, in dem das Restaurant untergebracht ist. Seit mehr als 170 Jahren kursieren Gerüchte über den Geist von Kronendal. Die Legende geht auf das Jahr 1840 zurück, als die Familie Cloete hier lebte.

General Abraham Josias Cloete hatte eine Tochter, Elsa, die sich in einen jungen Soldaten aus der Garnison in Hout Bay verliebte. Doch ihr Vater war gegen die Verbindung, sodass die Liebenden einzig durch ein Giebelfenster miteinander in Kontakt treten konnten, an dem Elsa stand und ihrem Geliebten über die Straße zuwinkte. Der Soldat soll sich vor Verzweiflung an einer Eiche in der Straße erhängt haben. Elsa starb kurz darauf an gebrochenem Herzen.

Seitdem gibt es viele Berichte über unerklärliche Geschehnisse wie Töpfe, die vom Haken fallen, oder Lichter, die sich von selbst verdunkeln. Auf der Treppe und am Fenster soll eine junge Frau gesehen worden sein, unter den Eichen ein Mann, der nach Sonnenuntergang zum Fenster hinaufblickte. Seit den 1970er-Jahren wurde in den Lokalnachrichten mindestens fünfmal über Erscheinungen von Elsas Geist berichtet.

Das im ausgehenden 17. Jahrhundert erbaute Kronendal war das erste Landgut in Hout Bay. Der vordere Teil des Gehöfts wurde um 1800 von Johannes van Helsdingen errichtet. Es ist eines von wenigen noch existierenden Gebäuden in typisch kapholländischer H-Form auf der Halbinsel und weist einen seltenen langgestreckten Halsgiebel (*halsgewel*) auf. Seit 1960 wird Kronendal in der Liste der Nationaldenkmäler geführt.

DER BOOTSANLEGER DER ALTEN MANGANMINE

19

Relikt des Bergbaus am Constantiaberg

Anlegestelle zum Verladen von Manganerz – Flora Bay, Hout Bay

Wer auf der Fahrt von Hout Bay über den Chapman's Peak Drive hinunter zum Meer blickt, erkennt dort die Überreste einer Anlegestelle, auf der sich für gewöhnlich Kormorane zum Sonnenbad niederlassen. Der 400 Meter südlich von Hout Bay Beach gelegene Aufbau aus Stahl und Beton ist das sichtbarste Andenken an die alte Manganmine am Constantiaberg.

Die Mine selbst liegt direkt oberhalb des östlichen Teils von Hout Bay Beach und war einst über eine 700 Meter lange Rinne mit dem Anleger verbunden. Am unteren Ende befand sich ein Sammelpunkt, von dem aus das Erz von Hand in Waggons geschaufelt und über schmale Schienen zum Ufer gebracht wurde. Dort wurde es in Boote verladen und zu den in der Bucht vor Anker liegenden Schiffen gebracht. Verarbeitet wurde das Erz nicht in Kapstadt, sondern in Europa, wo es in der Produktion von Chlor oder für Eisenlegierungen verwendet wurde.

Erste Belege für derartige Bodenschätze am Kap finden sich im Jahr 1676, als Jan van Riebeecks Sohn Abraham auf seinem Weg nach Batavia hier Halt machte, um einen Ort „in der Nähe von Hout Bay" zu inspizieren. Mangan war das einzige wirtschaftlich bedeutende Mineral, das je in den Vorkommen der Bucht (aus eisenhaltigem Manganerz, einer Mischung aus Mangan- und Eisenoxiden) abgebaut wurde.

Vier Standorte wurden erwiesenermaßen erkundet. Drei davon, Bokkemanskloof (in der Schlucht oberhalb von Oakhurst Farm), Constantia Nek (auf halbem Weg zwischen Nek und Constantiaberg) und Klein Koppie an der Nordwestseite des Constantiabergs, waren nur Schürfstellen, die auf die Präsenz des Minerals hin untersucht, aber nie kommerziell ausgebeutet wurden. Nur in der Hout Bay Mine oberhalb von Flora Bay wurde aktiv gearbeitet.

Der erste Abbauversuch ist für das ausgehende 19. Jahrhundert verzeichnet. 1880 wurde zur Ausbeutung der Vorkommen ein Unternehmen gegründet, das allerdings nicht lange Bestand hatte. Erst ab 1909 scheint es Berichten zufolge gelungen zu sein, die Schwierigkeiten des Bergbaus in dem Gebiet zu überwinden und Mangan nach Belgien zu verschiffen. Produktionsprotokolle gibt es für die Hout Bay Manganese Company kaum. Bekannt ist, dass die Mine im Januar 1911 rund 130 Tonnen förderte. Bereits im Mai 1911 wurde das Unternehmen nach kurzer Betriebsdauer endgültig geschlossen.

EAST FORT

Eine Zeit, da Hout Bay für Kapstadt von großer strategischer Bedeutung war

Hout Bay
Die Ruinen des Blockhauses liegen bergseitig am Chapman's Peak Drive, knapp einen Kilometer südlich von Hout Bay Beach

Stellen Sie das Auto am Blockhaus (oberhalb der Straße) ab und gehen Sie zu Fuß hinunter zum unterhalb der Straße gelegenen Artillerieposten und Pulvermagazin. Der Gebäudekomplex aus Festung und Blockhaus stammt aus einer Zeit, als Hout Bay für Kapstadt von großer strategischer Bedeutung war.

Schon die ersten niederländischen Siedler erkannten, dass die Bucht sich als alternativer Liegeplatz eignete, wenn die Tafelbucht bei starkem Wind nur schwer schiffbar war. Die niederländische (und später britische) Verwaltung erkannte auch, dass die Bucht von feindlichen Mächten als Landeplatz genutzt werden konnte.

Aus dieser Erkenntnis heraus wurde in dem Gebiet gegen Ende des 18. Jahrhunderts eine Reihe von Festungen errichtet: zunächst am Fuße des Hangbergs, später auch am östlichen Ende der Bucht unterhalb von Chapman's Peak. Die Arbeiten begannen nach 1775, als Frankreich und Holland die gerade unabhängig gewordenen amerikanischen Kolonien unterstützten und England den Krieg erklärten.

Die Garnison wurde mit auf Gut Kronendal einquartierten Khoikhoi-Truppen besetzt und durch ein französisches Pondichéry-Regiment verstärkt, das vor allem indische Sepoy unter Befehl des irischen Auswanderers Count Thomas Conway umfasste.

Nach dem Angriff der Royal Navy auf die niederländische Flotte in der Saldanhabucht entstand East Fort mit umfassenden Befestigungen und schweren Geschützen. Einige der Geschütze mit der Aufschrift VOC sind noch heute vorhanden und werden zu besonderen Anlässen abgefeuert.

Während der ersten britischen Besatzung 1796 errichtete das Corps of Royal Engineers ein befestigtes Blockhaus aus Stein mit drei Stockwerken und Holzläden vor den Fenstern. Im Erdgeschoss befanden sich ein Magazin und Zisternen. Über eine hölzerne Außentreppe gelangte man ins mittlere Geschoss mit Befehlsstand und Offiziersquartieren. Rund um das Obergeschoss verliefen hölzerne Balustraden.

Weiter oben am Berg wurden an der Einfahrt zur alten Straße Steinbaracken für die Soldaten sowie ein Wachposten samt Schilderhaus errichtet. Gegenüber dem Blockhaus sind die Überreste einer Kantine zu erkennen.

1804 wurden die Verteidigungsanlagen zwar unter der neuen batavischen Führung renoviert, ab 1827 jedoch aufgegeben. 1936 wurde die Anlage zum Nationaldenkmal erklärt.

DIE GEHEIME HÖHLE

21

Picknick an einem geologischen Kontaktpunkt

Chapman's Peak Drive
30 Meter unterhalb des Aussichtspunkts

Am Chapman's Peak Drive liegt eine verborgene Sandsteinhöhle, die einen der schönsten Ausblicke von ganz Kapstadt zu bieten hat. Die Höhle liegt knapp über einer interessanten „Kontaktlinie", die leicht an den verschiedenfarbigen Felsformationen (Ocker und Rot oben, Grau unten) zu erkennen ist. Verlassen Sie Hout Bay in Richtung Süden hinauf nach Chapman's Peak bis zu dem Aussichtspunkt am höchsten Punkt der Straße. Stellen Sie das Auto ab und gehen Sie bis zum Ende des Aussichtspunkts. Klettern Sie dort durch die Brüstung und folgen Sie dem schmalen Pfad nach links, der hinter der Klippe ins Nichts zu führen scheint. Dort finden Sie ausreichend Platz für ein entspanntes Picknick unter blauem Himmel und mit Blick aufs Meer. Von seiner schönsten Seite zeigt sich der Ort, wenn die Sonne abends jenseits des Sentinel im Atlantik versinkt. Weit unten geben sich Wale, Delphine und Fischerboote, die gemächlich aus dem Hafen von Hout Bay tuckern, ein Stelldichein. Chapman's Peak ist eine der spektakulärsten Küstenstraßen von Südafrika. Die Westflanke des Constantiabergs fällt steil Hunderte von Metern in den Atlantik ab. Die Straße, die sich eng an die nahezu vertikale Steilwand von Hout Bay nach Noordhoek schmiegt, wurde dem Berg zwischen 1915 und 1922 abgerungen und galt seinerzeit als Meisterwerk der Ingenieurskunst. Die Spitze des Chapman's Peak besteht aus flachen Sedimentgesteinen (jünger als 520 Mio. Jahre), die mit denen verwandt sind, die den Tafelberg bilden. Die Basis des Berges besteht jedoch aus Kapgranit (älter als 540 Mio. Jahre) und die beiden Formationen treffen an einer geologischen Diskordanz aufeinander, die unter Geowissenschaftlern weltberühmt ist. Entlang dieser Straße gibt es zwei verschiedene gefährdete Vegetationstypen, die den beiden wichtigsten geologischen Formationen entsprechen: Halbinsel-Sandstein-Fynbos (oben) und Kap-Granit-Fynbos (unten), die beide in Kapstadt endemisch sind.

Chapman's Peak Drive

Chapman's Peak ist nach John Chapman benannt, Steuermann eines Schiffs der Royal Navy, das 1607 in Hout Bay in eine Flaute geriet. Der Kapitän schickte Chapman zur Proviantsuche an Land. Später bezeichnete er die Bucht in seinen Aufzeichnungen als Chapman's Chaunce (chance). Der Name blieb und wurde schließlich auf allen Karten der Ostindien-Kompanie (VOC) übernommen. Anfang der 1900er-Jahre befahl Sir Nicolas Fredrick de Waal, erster Verwalter der Kapprovinz, den Bau einer Straße zwischen Hout Bay und Noordhoek. Diese war sorgfältig geplant und folgte dem Verlauf der natürlichen Kapgranitschicht, sodass die Straße vollständig in den weicheren Sandstein geschlagen werden konnte. Der Bau dauerte sieben Jahre. 1922 wurde die Straße eingeweiht.

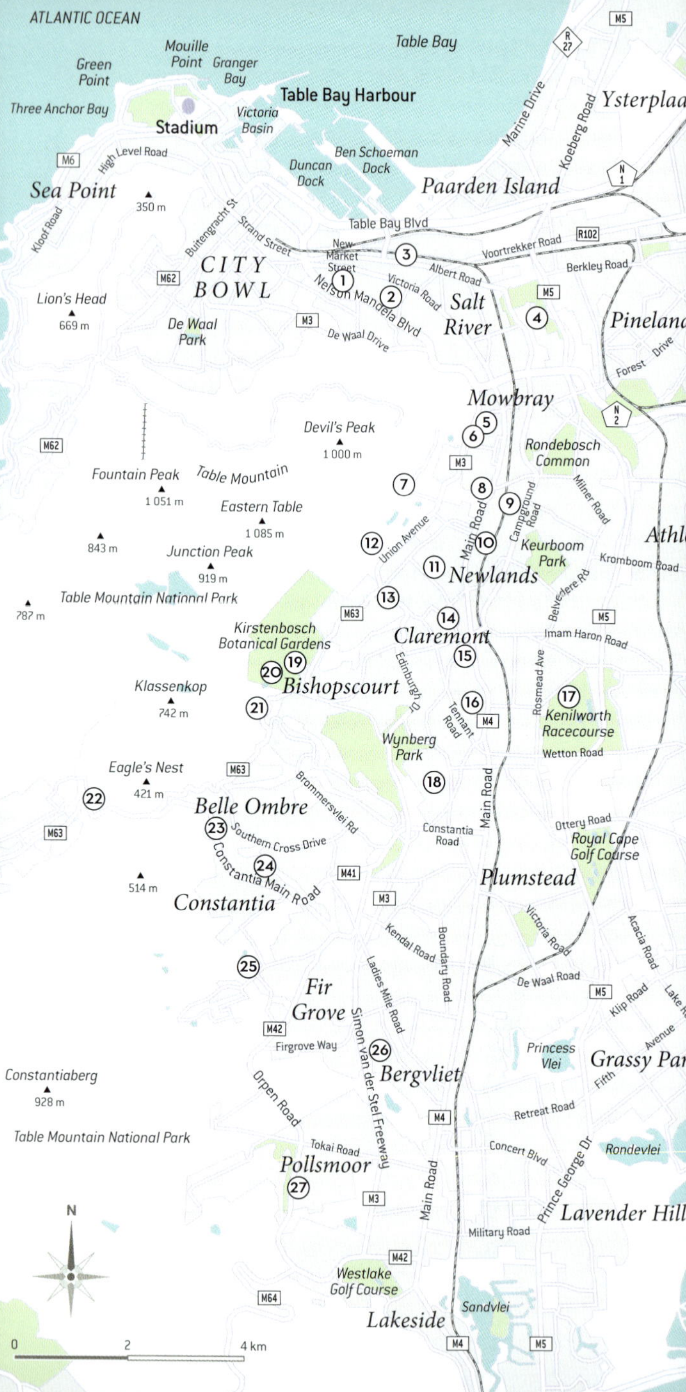

ATLANTIC OCEAN
Table Bay
Mouille Point
Green Point
Granger Bay
Three Anchor Bay
Table Bay Harbour
Stadium
Victoria Basin
Ben Schoeman Dock
Duncan Dock
High Level Road
Sea Point
350 m
Kloof Road
Buitengracht St
Strand Street
Table Bay Blvd
New Market Street
Paarden Island
Marine Drive
Koeberg Road
Ysterplaa
Voortrekker Road
Berkley Road
Albert Road
Victoria Road
Nelson Mandela Blvd
CITY BOWL
Lion's Head
669 m
De Waal Park
De Waal Drive
Salt River
Pineland
Forest Drive
Mowbray
Devil's Peak
1 000 m
Rondebosch Common
Milner Road
Fountain Peak
1 051 m
Table Mountain
Eastern Table
1 085 m
843 m
Junction Peak
919 m
Union Avenue
Main Road
Campground Road
Keurboom Park
Kromboom Road
Athl
Newlands
Table Mountain National Park
787 m
Kirstenbosch Botanical Gardens
Belvedere Rd
Imam Haron Road
Claremont
Edinburgh Dr
Bishopscourt
Klassenkop
742 m
Rosmead Ave
Kenilworth Racecourse
Tennant Road
Wetton Road
Wynberg Park
Eagle's Nest
421 m
Brommersvlei Rd
Belle Ombre
Southern Cross Drive
Constantia Main Road
Constantia Road
Ottery Road
Royal Cape Golf Course
514 m
Plumstead
Constantia
Kendal Road
Boundary Road
Victoria Road
Acacia Road
Ladies Mile Road
De Waal Road
Klip Road
Lake R
Fir Grove
Firgrove Way
Simon van der Stel Freeway
Bergvliet
Princess Vlei
Grassy Par
Fifth Avenue
Constantiaberg
928 m
Orpen Road
Retreat Road
Table Mountain National Park
Tokai Road
Concert Blvd
Prince George Dr
Rondevlei
Pollsmoor
Lavender Hill
Military Road
N
Westlake Golf Course
Sandvlei
Lakeside
0
2
4 km
M5
R27
N1
R102
M6
M62
M3
M63
M4
M41
M42
M64
N2
1
2
3
4
5
6
7
8
9
10
11
12
13
14
15
16
17
18
19
20
21
22
23
24
25
26
27

Südliche Vororte

① DIE FRANZÖSISCHE REDOUTE *122*
② DIE ST. GEORGE'S CATHEDRAL IN WOODSTOCK *124*
③ DER VERTRAGSBAUM *126*
④ DIE ORIGINAL NOON GUN *128*
⑤ DER BULI-STUHL *130*
⑥ WELGELEGEN MANOR HOUSE *132*
⑦ ÜBERRESTE DES ALTEN ZOOS *134*
⑧ GROOTE SCHUUR RESIDENCE *136*
⑨ DER RONDEBOSCH-BRUNNEN *140*
⑩ JOSEPHINE MILL *142*
⑪ NEWLANDS SPRING *144*
⑫ PARADISE *146*
⑬ DAS BOSHOF-PORTAL *148*
⑭ DER HERSCHEL-OBELISK *150*
⑮ DIE REKORD-BÄUME IN DEN ARDERNE GARDENS *152*
⑯ STELLENBERG GARDENS *154*
⑰ DAS NATURSCHUTZGEBIET AM HIPPODROM VON KENILWORTH *156*
⑱ DAS MILITARY AQUATIC CENTRE IN WYNBERG *158*
⑲ *ENCEPHALARTOS WOODII* *160*
⑳ VAN RIEBEECKS HECKE *162*
㉑ *THE ENDEMIC PROJECT* *164*
㉒ ORANGE KLOOF *166*
㉓ DE HEL *168*
㉔ DAS PORTRÄT VON DR. BARRY *170*
㉕ DER *KARAMAT* VON KLEIN CONSTANTIA *172*
㉖ DIE OOG *174*
㉗ DIE GEFÄNGNISKANTINE VON POLLSMOOR *176*

DIE FRANZÖSISCHE REDOUTE ①

Überreste der französischen Verteidigungslinie

Trafalgar Park, Searle Street, Woodstock

In einem ruhigen Park in Woodstock stehen die Überreste einer Reihe von Festungen, die von den Franzosen 1781 zur Verteidigung gegen britische Angriffe hastig errichtet wurden.

Als die Niederlande sich im Dezember 1780 auf die Seite der amerikanischen Unabhängigkeitskämpfer stellten, war dies für Großbritannien Anlass genug, dem Land den Krieg zu erklären und Kapstadt zu erobern, das sie schon lange als Versorgungsbasis begehrt hatten. Ein Spion im britischen War Office jedoch stach die Pläne an die Franzosen durch, die eine Flotte ans Kap schickten, an Bord das Pondichéry-Regiment unter Führung von Colonel Conway.

Bei ihrer Ankunft nahmen sie die Festungsanlagen vor Ort in Augenschein und befanden diese für unzureichend. Fünf Stellen wurden ausgemacht, an denen die Stadt verwundbar war: die Tafelbucht, die Landenge zwischen Tafelberg und Lion's Head, Hout Bay, False Bay und Saldanha Bay.

Um die Siedlung vor einem möglichen Angriff über die False Bay zu schützen, errichtete das Pondichéry-Regiment eine Verteidigungslinie von Fort Knokke, am heutigen Bahnhof von Woodstock, nach Westen über den Grund von Gut Zonnebloem bis an den Fuß des Devil's Peak. So entstanden vier Redouten: Fort Knokke, die Hollandse Redoute, die Franse Redoute und die Burgher Redoute. Diese Anlagen wurden als French Line bekannt, aber auch als Zonnebloem, Munnik Line oder Nieuwe Retranchement bezeichnet. Als die Briten dieser Anlagen bei ihrer Ankunft gewahr wurden, kamen sie zu dem Schluss, dass das Kap der Guten Hoffnung zu gut verteidigt war und starteten stattdessen einen Angriff auf Saldanha Bay.

Fünf Jahre nach ihrem Bau war die French Line derart heruntergekommen, dass sie als nutzlos galt. Als es der britischen Flotte schließlich 1795 doch noch gelang, Kapstadt zu erobern, wurden die Redouten sowie die Verbindungswälle instandgesetzt, die Blockhäuser The York und Prince of Wales sowie das King's Blockhouse am Devil's Peak kamen neu hinzu. Die Linie wurde bis 1827 genutzt und dann bis auf Fort Knokke abgerissen. Letztlich war es jedoch die Franse Redoute, auch bekannt als Central beziehungsweise Frederick William Redoubt, die als Einzige die Zeit überdauerte.

Sie verfügt über Erddämme, einen steinernen Eingang und einen konischen Kamin. Man geht davon aus, dass dieser zu einem Ofen gehörte, mit dem die Kanonenkugeln vor dem Abfeuern auf die Holzschiffe erhitzt wurden. Neuere Forschungsergebnisse zeigen jedoch, dass diese Struktur erst 1830, also nach Auflassung der Festungsanlagen, gebaut wurde, sodass es sich vermutlich eher um einen Ziegelofen gehandelt haben dürfte. 1968 wurde die Anlage zum Nationaldenkmal erklärt.

DIE ST. GEORGE'S CATHEDRAL IN WOODSTOCK

②

Strahlende griechisch-orthodoxe Fresken

75 Mountain Road, Woodstock
021-551-0788
Gottesdienstzeiten: goarch.co.za

Am oberen Ende der Kapstädter Adderley Street liegt mit der anglikanischen St. George's Cathedral eine der bekanntesten Kirchen von ganz Südafrika. Interessanterweise gibt es in der Stadt jedoch eine weit weniger bekannte Kirche, die denselben Namen trägt.

Diese griechische Kathedrale (Agios Georgios) wurde 1903/04 nur einige Jahre nach Ankunft des ersten griechisch-orthodoxen Priesters in Kapstadt im neoklassischen Stil für die kleine griechische Gemeinde der Stadt errichtet und 1983 erweitert. Es handelt sich um einen schlichten Bau in einer ruhigen Ecke von Woodstock und von außen bereitet einen nichts auf das vor, was einen im Inneren erwartet. Denn gleich nach Betreten des Gebäudes verschlägt es einem angesichts der großartigen Fresken, Ikonen, Einrichtung und Verzierungen die Sprache.

Mauern, Gewölbe und Apsis sind reich mit byzantinischen Fresken dekoriert, die Jesus, die Schutzheiligen und verschiedene Ikonen zeigen. Die Fresken stammen von Pater Nikolai, einem rumänischen Priester und Hagiografen, der diese 1990 mit zwei Gehilfen und unter Leitung von Bischof Ioakim gestaltete. Finanziert wurde das Projekt durch die Mitglieder der Kongregation.

Im Schiff sind Christi Geburt, das Leben der Jungfrau Maria und Jesu Leidensweg dargestellt. Im Altarraum ist Jesus auf dem Schoße seiner als Beschützerin dargestellten Mutter zu sehen. Die Gewölbe ziert ein blauer Sternenhimmel, aus dessen Mitte Christus, der Allherrscher, auf die Gläubigen herabblickt.

Wenn die frühe Morgensonne durch die Buntglasfenster hereinfällt, beginnen die Farben im Inneren der Kathedrale zu strahlen. Wer einer Messe beiwohnt, fühlt sich durch die Gesänge, die weißen Gewänder und den Weihrauch direkt ans östliche Mittelmeer versetzt. Besonders sehenswert ist der Thron des Erzbischofs, flankiert von einem Fries, auf dem die Heiligen Demetrios und Minas zu sehen sind.

1968 wurde die Kirche in den Stand einer Kathedrale erhoben und zum Sitz des orthodoxen Erzbistums der Guten Hoffnung und des Patriarchats von Alexandria und ganz Afrika. Die Erzdiözese steht den Provinzen West-, Nord- und Ostkap, Freistaat, KwaZulu-Natal sowie den Ländern Namibia, Lesotho und Swasiland vor.

DER VERTRAGSBAUM

3

Der Baum, an dem Kapstadt an die Briten übergeben wurde

Ecke Treaty Street/Spring Street – Woodstock

Neben den Schienen hinter dem Lager eines Möbelgroßhandels in Lower Woodstock steht ein alter Milkwood-Baum, der ein Nationaldenkmal ist. Am 10. Januar 1806 unterzeichneten an diesem Ort der Kommandant von Kapstadt, Oberstleutnant Hieronymus Casimir von Prophalow, und die Kommandeure der britischen Streitkräfte den Vertrag der Schlacht bei Blaauwberg. Mit ihm ging die Kontrolle über das Kap von den Niederlanden an Großbritannien über, wo sie über 100 Jahre lang, bis zur Eingliederung in die Südafrikanische Union 1910, verblieb. Zum Zeitpunkt der Vertragsunterzeichnung befand sich neben dem Baum das Cottage von Papendorp, nach dem Woodstock ursprünglich benannt war. Das Gebäude wurde als Treaty House bekannt, der Baum als Treaty Tree. Das Cottage musste 1935 einer Fabrik weichen. Der Baum jedoch überlebte. 1967 wurde er zum Nationaldenkmal erklärt. Wie alt der Baum ist, ist unbekannt. Manche sagen, er sei bereits für portugiesische Seefahrer im 16. Jahrhundert eine Landmarke gewesen. Der Legende nach wurden im Jahr 1509 nahe dem Baum auch 64 Anhänger des berüchtigten Seefahrers Francisco de Almeida nach dem törichten Versuch, einen Säugling aus dem Stamm zu entführen, von den Khoikhoi getötet. Vor 1806 war der Baum als Sklavenbaum bekannt, da in seinem Schatten Sklaven verkauft und immer wieder auch an seinen Ästen gehängt wurden. Bis Ende des letzten Jahrhunderts lebte in Woodstock noch eine Frau, Rachel Bester, die behauptete, miterlebt zu haben, wie Sklavenhändler unter dem Baum ihre menschliche Ware feilboten. Interessanterweise lag der Treaty Tree bis zur Landgewinnung am Foreshore 1952 recht nahe am alten Strand von Woodstock und bot einen schönen Ausblick über das Meer und die in den Hafen einfahrenden Schiffe. Dieser Baum ist vermutlich der einzige in Südafrika, nach dem ein Wein benannt wurde. Auf dem Etikett des Flagstone's Treaty Tree Reserve, einem preisgekrönten Verschnitt aus Sauvignon Blanc und Semillon, ist der Milkwood abgebildet.

Der Milkwood-Baum

Der Milkwood (*Sideroxylon inerme*) ist ein langsam wachsender, immergrüner Baum, der weit über 1.000 Jahre alt werden kann. In der Vergangenheit wurde sein hartes, robustes Holz häufig für den Bau von Schiffen, Brücken, Mühlen und Pflügen verwendet. Bauernhöfe befanden sich oft dort, wo auch der Milkwood wuchs. In Südafrika ist er geschützt. Drei weitere Milkwood-Bäume sind südafrikanisches Nationaldenkmal: der Post Office Tree in Mossel Bay, Westkap, der Milkwood auf der Rhenosterfontein Farm nahe Bredasdorp, Westkap, und der Fingo Milkwood Tree bei Peddie, Ostkap.

DIE ORIGINAL NOON GUN

Eine kleine Messingpistole

South African Astronomical Observatory, 1 Observatory Road, Observatory
Geöffnet jeden zweiten und vierten Samstag im Monat ab 20 Uhr
Eintritt frei

Der Knall, der jeden Tag zur Mittagsstunde durch die City Bowl hallt, wenn die Noon Gun am Signal Hill abgefeuert wird, ist nicht zu überhören. Angesichts der Kanone ist es kaum zu glauben, dass das berühmte Kapstädter Zeitsignal einst von einer kleinen Messingpistole erzeugt wurde, die heute in einer Vitrine des South African Astronomical Observatory (SAAO) zu sehen ist.

Im Jahr 1820 beschloss die britische Admiralität, am Kap ein ständiges Observatorium einzurichten, um die Navigation zu verbessern und die Dominanz des British Empire als Seemacht zu festigen. Zur Umsetzung des Vorhabens war eine akkurate Zeitvorgabe für Schiffe unerlässlich. Der erste Astronom der Royal Astronomical Society, Fearon Fallows, kam 1821 mit zwei tragbaren Instrumenten und einer Uhr im Gepäck an. Während der sieben Jahre bis zur Fertigstellung des Observatoriums musste er die Zeit von seinem Haus in Gardens mithilfe einer Öllampe anzeigen.

Fallows starb 1833. Sein Nachfolger, Thomas Henderson, führte einen neuen Zeitdienst ein. Bewaffnet mit einer Taschenuhr und einer mit Schwarzpulver geladenen Perkussionspistole aus Messing stieg er auf das Dach des Observatoriums und gab zu einer bestimmten Zeit einen Schuss ab. Die Seefahrer richteten ihre Teleskope auf das Observatorium und sahen nachts einen Feuerstoß und tagsüber Rauch und konnten ihre Chronometer entsprechend stellen.

Spätere Direktoren der Einrichtung arbeiteten mit Zeitbällen, die am Observatorium, auf dem Signal Hill und an den Docks fallen gelassen wurden. Der Zeitball an der Waterfront ist noch heute zu sehen. Das elektronische Signal der heutigen Noon Gun geht von der Hauptuhr des SAAO aus – wie schon seit 1864.

Ein nach dem Tafelberg benanntes Sternbild

Einer der ersten Astronomen am Kap war Abbé Nicolas-Louis de la Caille, der zwischen 1751 und 1753 fast 10.000 Sterne des Südhimmels katalogisierte, darunter ein schwach zu erkennendes Sternbild nahe dem Kreuz des Südens, das Teil der Großen Magellanschen Wolke ist. Aufgrund seiner Ähnlichkeit mit dem berühmten Tischtuch des Tafelbergs gab de la Caille ihm den Namen *Mons Mensa*. Es ist das einzige Sternbild der Welt, das nach einem geografischen Merkmal benannt ist.

DER BULI-STUHL ⑤

Der Stuhl eines Häuptlings aus dem Herzen Afrikas

Irma Stern Museum
Cecil Road, Rosebank
021-685-5686
irmasternmuseum.co.za
Dienstag–Freitag von 10–17 Uhr; Samstag von 10–14 Uhr

Das Irma Stern Museum ist im früheren Wohnhaus der berühmten südafrikanischen Künstlerin (1894–1966) untergebracht. Neben ihren Gemälden können in dem Museum zahlreiche Artefakte bewundert werden, die Stern auf ihren vielen Reisen nach Europa und durch ganz Afrika sammelte. Dreimal besuchte sie in den 1940er- und 1950er-Jahren den Kongo. Den Buli-Stuhl soll sie jedoch entweder in den 1920er-Jahren in Europa gekauft oder von einer Reise nach Sansibar 1939 mitgebracht haben.

Der Stuhl eines Luba-Häuptlings – oder Buli-Stuhl – ist das Herzstück von Sterns Sammlung. Ähnliche Objekte finden sich im Metropolitan Museum of Art in New York und im British Museum. Dieser Stuhl ist eines von nur zwanzig bekannten Stücken aus der Werkstatt des Meisters von Buli in der Provinz Katanga in der Demokratischen Republik Kongo. Ob die Arbeit vom Meister selbst oder einem seiner Schüler stammt, ist nicht bekannt.

Der Stil zeichnet sich durch längliche Gesichtsformen aus, die für Alter und Status stehen. Die Stühle waren ursprünglich nicht als Sitzgelegenheiten gedacht, sondern als Repräsentationsobjekte und Zeichen der Verbindung des Volkes mit der Welt der Geister. Bei der hier beschriebenen Karyatide handelt es sich um eine weibliche Figur, die das Stammesoberhaupt symbolisch trägt. Haare und Skarifikationen weisen auf einen hohen sozialen Status hin. Die Darstellung einer weiblichen Figur, die einen männlichen Häuptling trägt, ist als Anspielung auf das matrilineare Abstammungssystem der Luba zu verstehen, in dem Männer ihre politische Stellung von ihrer Mutter erbten.

Der in einer Glasvitrine ausgestellte Stuhl ist das Herzstück des dem Kongo gewidmeten Raums des Museums. An türkisfarbigen Wänden hängen Gouache- und Ölgemälde, die die Künstlerin auf ihren Kongo-Reisen oder später anhand von Skizzen in ihrem Studio in Rosebank anfertigte. Zu sehen sind Porträts von Angehörigen der Mangbetu, Landschaften, Märkte und Tanzszenen.

Das Irma Stern Museum wurde 1971 in dem Haus eröffnet, in dem die Künstlerin fast vier Jahrzehnte lebte. Viele Räume sind so erhalten, wie sie sie hinterließ. Im Obergeschoss zeigen zeitgenössische Künstler ihre Arbeiten.

Die ständige Sammlung zeigt Irma Sterns Entwicklung als Künstlerin. Die Themen reichen von exotischen Figuren und Porträts bis hin zu Landschaften und Stillleben, gearbeitet in unterschiedlichsten Techniken wie Öl, Aquarell, Gouache und Kohle.

„*Der Kongo war für mich stets das Symbol Afrikas, das wahre Herz Afrikas.*“ Irma Stern

WELGELEGEN MANOR HOUSE 

Ein Klassiker von Herbert Baker

Chapel Road Extension in Rosebank endet auf dem Grundstück von Gut Welgelegen
Das Haus ist nicht öffentlich zugänglich, die Universität bietet jedoch gelegentlich Rundgänge an
021-650-3759

Welgelegen Manor House liegt auf dem Middle Campus der Universität Kapstadt und beherbergt das Institut für Kommunikation und Marketing. Die Lage des edlen Giebelhauses an den Ausläufern des Devil's Peak ist schlicht fantastisch. Da es sich um ein Verwaltungsgebäude handelt, ist es für gewöhnlich nicht zugänglich.

Entworfen wurde das Herrenhaus auf dem Gutsgelände von Groote Schuur 1899 durch den berühmtesten Kapstädter Architekten Herbert Baker. Es ist ein schönes Beispiel für Bakers Cape Dutch Revival Style – eine harmonische Mischung aus kapholländischem und englischem Landhausstil. Auch das Interieur von Welgelegen war von ausgesuchter Eleganz und umfasste unter anderem einen von Baker entworfenen Esstisch. Leider wurde das Haus durch die neuen Eigentümer entkernt. Wer ein Gefühl für das ursprüngliche Dekor erhalten möchte, bittet am Eingang darum, einen Blick auf die drei Gemälde von James Durden werfen zu dürfen, die das Innere des Gebäudes zeigen.

Die Geschichte des Anwesens reicht bis ins 17. Jahrhundert zurück. 1657 sprach die Niederländische Ostindien-Kompanie (VOC) einer Reihe freier Bürger unter Führung von Steven Bothma Land an den Ausläufern des Tafelberges zu, wo dieser Welgelegen errichtete. Nach seinem Tod wechselte das Anwesen mehrmals den Besitzer, bevor es 1756 Eigentum von Jacob van Reenen wurde.

Das eigentliche Haus stammte aus dem 18. Jahrhundert und wurde durch Baker grundlegend verändert. Der Bergbaumagnat Cecil John Rhodes schenkte das von ihm in Auftrag gegebene Welgelegen seinem Freund John Blades Currey, der dem jungen Unternehmer und späteren Staatsmann während einer Erkrankung in seinen ersten Tagen in Kimberley geholfen hatte. Currey war Leiter eines Grundbesitzunternehmens in Nordkap (das später in den De Beers Consolidated Mines mit Rhodes als Vorsitzendem aufging) und gab Kimberley in seiner Zeit als Regierungssekretär seinen Namen. Zurück in Kapstadt ernannte Rhodes Currey zum Verwalter seines Anwesens namens Groote Schuur. Welgelegen befand sich von 1900 bis 1979 im Besitz der Familie Currey. Nach dem Tod seiner Tochter Winifred erwarb die Universität das Gelände. Seit 1980 wird es in der Liste der Nationaldenkmäler geführt.

> *„Das Werk der Natur überragt alles [...] in Südafrika, das der Allmächtige Baumeister so großartig entworfen hat."*
> Herbert Baker

ÜBERRESTE DES ALTEN ZOOS 

Der Ort, an dem bis 1978 Löwen lebten

Groote Schuur Estate, nahe der Ecke Madiba Circle/Rhodes Memorial Street Rondebosch

An den Hängen des Tafelberges liegen neben dem oberen Campus der Universität Kapstadt die Überreste des alten Groote Schuur Zoo samt der Steinmauern des früheren Löwengeheges. Der ursprünglich von Cecil John Rhodes, der in den 1890er-Jahren im großen Stil Land am Tafelberg aufkaufte, erbaute Zoo lag oberhalb seines früheren Anwesens Groote Schuur, das heute die Kapstädter Residenz des südafrikanischen Präsidenten beherbergt. Rhodes wollte für die Öffentlichkeit eine Menagerie von Tieren aus dem gesamten British Empire einrichten. Den Anfang machten pflanzenfressende Arten, die in Koppeln gehalten wurden. Als Rhodes 1897 ein Löwenpärchen und einen Leoparden geschenkt bekam, wurde eigens für sie ein Spezialgehege errichtet. Rhodes' Architekt, Sir Herbert Baker, entwarf Pläne für ein herrschaftliches, von Säulen gesäumtes Löwenhaus. Den Abschluss bildete ein kleinerer Käfig. Mit dem Zoo sollte eine Geschichte der Evolution erzählt werden. Die Tiere wurden dabei aufsteigend nach ihrer „Bedeutung" geordnet: Reptilien ganz unten, Vögel und Affen in der Mitte und Löwen als Könige der Tiere ganz oben. Bei seinem Tod 1902 vermachte Rhodes seine Besitztümer der Nation und bestimmte, dass der Zoo kostenlos für Besucher offengehalten werden sollte. 1931 wurden die ursprünglichen Löwenkäfige abgerissen und ein neues Gehege gebaut. Der Groote Schuur Zoo war täglich von 9 bis 17 Uhr geöffnet – verkündet durch einen Pfeifenton. Gefüttert wurden die Löwen mit Eseln und Pferden, die in einem Gehege hinter ihnen gehalten wurden, und bei Westwind konnten die Menschen in den nahegelegenen Vororten Rondebosch und Newlands die Löwen brüllen hören. 1978 wurde der Zoo aufgrund zunehmender Tierschutzbedenken sowie hoher Betriebskosten geschlossen. Seitdem wurde die Anlage als Wohnraum, Ausstellungsgelände sowie als Theater und Restaurant genutzt.

Tragisches Ende einer Giraffe aus Transvaal

Aufzeichnungen darüber, welche Tiere in dem Zoo gehalten wurden, gibt es keine. Fest steht, dass über die Jahre stetig neue hinzukamen und andere verschwanden. Ein Löwenjunges wurde gegen ein Kamel aus einem Zirkus eingetauscht, ein entflohenes Känguru lief in eine Leopardenfalle und wurde von einem Farmer erschossen und eine per Zug aus Transvaal geschickte Giraffe kam nie an – sie war in einen offenen Waggon gesteckt worden und brach sich bei der Einfahrt in einen Tunnel das Genick.

GROOTE SCHUUR RESIDENCE ⑧

Die größte Residenz von Cecil John Rhodes

Klipper Road, Rondebosch
083-414-7961 – Besichtigung nur nach vorheriger Anmeldung

Cecil John Rhodes liebte es, seine Gärten von Groote Schuur am Wochenende für Besucher zu öffnen. Das ist heute anders, denn das Anwesen ist offizielle Residenz des südafrikanischen Präsidenten. Es herrschen strenge Sicherheitsvorkehrungen und Besuche müssen im Voraus unter Vorlage eines Personaldokuments angemeldet werden. Doch die Mühe lohnt sich. Das elegante Gebäude an den Hängen des

Tafelberges wurde 1658 von der Niederländischen Ostindien-Kompanie (VOC) als Getreidespeicher errichtet (nl. *Groote Schuur* = Große Scheune). Nachdem Cecil John Rhodes 1890 zum Premierminister der Kapkolonie geworden war, mietete er das Anwesen zunächst, bevor er es 1893 kaufte. Er beauftragte einen jungen, unbekannten britischen Architekten, der in Kapstadt zu Besuch war, mit der Renovierung. Es war Herbert Bakers erstes Projekt in Südafrika und markierte den Anfang dessen, was später als Cape Dutch Revival Style bekannt wurde.

Nachdem ein ominöses Feuer das Gebäude im Dezember 1896 teilweise zerstört hatte, rekonstruierten und modernisierten Baker und Rhodes es unter Verwendung handgefertigter Eisenelemente und antiker niederländischer und spanischer Kacheln, Ziegeln und Laternen. Rhodes beauftragte Agenten mit der Suche nach original Kapstädter Möbeln, Silberwaren und Glas, wovon ein Teil aus Holland reimportiert werden musste. Wenn nichts Passendes zu finden war, griff Baker selbst zum Stift.

Rhodes vermachte seinen Besitz der Nation und von 1911 bis 1994 war Groote Schuur offizielle Kapstädter Residenz der südafrikanischen Premierminister und Präsidenten. Hier unterzeichneten F. W. de Klerk und Nelson Mandela 1990 das historische Groote Schuur Minute, das den Weg zu friedlichen Verhandlungen ebnete.

Heute beherbergt das Gebäude ein Museum mit einer edlen Sammlung Delfter Keramik, chinesischen und japanischen Porzellans, flämischen Tapisserien aus dem 17. Jahrhundert und vielen anderen Schätzen wie Rhodes' Privatbibliothek und eines der drei von Dolmetsch gebauten Beethoven-Klaviere, das Besuchern bisweilen zu spielen gestattet wird.

Ein einzigartiges Stück simbabwisches Kulturerbe

Einer der vermutlich bedeutendsten und am häufigsten übersehenen Schätze findet sich in Rhodes' im Originalzustand erhaltenen Schlafzimmer. Auf einer Vitrine sitzt einer der berühmten Vögel aus Speckstein aus den Ruinen von Groß-Simbabwe, einer der bedeutendsten Zivilisationen Afrikas. Er ist der einzige von fünf bei einem Diebstahl entwendeten Vögeln. Kenner der Geschichte von Groß-Simbabwe dürften überrascht sein, dass dieses einzigartige Stück simbabwisches Kulturerbe an diesem Ort zu einem derart unbeachteten Dasein verdammt ist.

DER RONDEBOSCH-BRUNNEN ⑨

Ein Laternenmast, der Zugpferden und Hunden einst als Tränke diente

Kreuzung Main Road/Belmont Road, Rondebosch

Der Laternenmast an der Kreuzung Main Road/Belmont Road ist eigentlich kein Laternenmast, sondern diente einst Fahrern, Zugpferden und Hunden dazu, in schöner Form ihren Durst zu stillen. Besondere Erwähnung verdienen die schön gestalteten Füße des Brunnens in Form von Pferdehufen und die zwischen diesen liegenden Trinknäpfe für Hunde. Heute ist die Pferdetränke mit Blumen bepflanzt und wird von Anwohnern gegossen.

Der im September 2020 enthüllte Zierbrunnen von Rondebosch, wie er offiziell heißt, ist eine Nachbildung des originalen Trinkbrunnens, der im August 2015 durch einen betrunkenen Autofahrer zerstört wurde.

Das Original-Baudenkmal, ein Geschenk von George Pigot-Moodie (der ganz in der Nähe in Westbrook lebte, das heute unter dem Namen Genadendal und als Residenz des südafrikanischen Präsidenten bekannt ist), wurde am 26. September 1891 eingeweiht. Liebevoll als Moodie Fountain bezeichnet, wurde es sechs Monate später zur ersten elektrischen Straßenlaterne umfunktioniert. Der Strom stammte bis zur Inbetriebnahme des Elektrizitätswerks von Rondebosch aus der privaten Anlage des inzwischen verstorbenen Moodie. 1964 wurde der Brunnen zum Nationaldenkmal erklärt.

Der 1829 in Grahamstown geborene Moodie war ein Vermessungsingenieur und Eisenbahnpionier, der seiner Gemeinde etwas zurückgeben wollte. Der ursprüngliche Brunnen wurde in Glasgow in der Saracen Foundry von Walter Macfarlane & Co Ltd (1872–1967) gegossen. Exklusiver Handelsvertreter in Südafrika war der Architekt Charles Freeman, der seinen Kunden in Südafrika eine breite Auswahl gusseiserner Produkte anbot. Trinkbrunnen wurden nicht in einer einzigen Form gegossen, sondern aus mehreren einzelnen Abgüssen gefertigt, um den weiten Transport zu ermöglichen. Zudem erhielten die Kunden so das Gefühl einer Maßanfertigung.

Mit dem Entwurf einer neuen Nachbildung 2020 wurde Max Teichman, Inhaber der lokalen Gießerei Heritage Castings, betraut. Es war ein Glücksumstand, dass der (heute über 80-jährige) Künstler Stephen Wood Kapazitäten hatte, den hochkomplexen Auftrag zu übernehmen, für den in über 200 Stunden Handarbeit detailgetreue Holzformen gebaut wurden. War Gusseisen im 19. Jahrhundert noch ein gerne verwendeter Baustoff, so gilt es heute als ungeeignet, weshalb der neue Brunnen aus Aluminiumguss gefertigt wurde. Da die Original-Gießerei heute nicht mehr existiert und keinerlei Aufzeichnungen vorhanden sind, wurden die Archive nach alten Fotografien durchkämmt, um den Brunnen so originalgetreu wie möglich nachbilden zu können.

JOSEPHINE MILL

Die letzte funktionierende Wassermühle von Kapstadt

13 Boundary Road
Newlands
Montag–Freitag von 9–13 Uhr

Josephine Mill (1840) ist die letzte funktionierende Wassermühle von Kapstadt und heute Teil eines Müllerei-Museums. Die Energie wurde über ein eisernes Wasserrad erzeugt, das sich in dem eleganten viktorianischen Gebäude in einer baumbestandenen Straße nahe dem Newlands Rugby Stadium befand. Der Backsteinbau mit seinen gusseisernen Fenstern ist eine Reminiszenz an die ähnliche Architektur Schwedens, dem Heimatland des ersten Eigentümers Jacob Letterstedt.

Die Josephine Mill wurde der *Cape Town Historical Society* 1975 von dessen Erbin Myra East vermacht. Sie befand sich damals in einem bedauerlichen Zustand. Nach ihrer Stilllegung in den 1930er-Jahren waren Teile des Gebäudes jahrzehntelang der Witterung ausgeliefert. Alte Bauzeichnungen ließen bei der historischen Gesellschaft aber schließlich den Entschluss reifen, die Mühle zu sanieren.

Nachdem das Gebäude und das Grundstück vom Schutt befreit waren, trat das ganze Ausmaß der Schäden zutage. Anhand der vorhandenen Überreste und mithilfe vereinzelter Aufzeichnungen gelang es der Gesellschaft, das Gebäude wieder funktionstüchtig zu machen. Eine der größten Herausforderungen bestand dabei darin, den einstigen Wasserlauf für den Antrieb des Mühlrads durch die Kraft des Liesbeek River wiederherzustellen. 1988 war es so weit: Das eiserne Rad drehte sich wieder und produzierte frisches, steingemahlenes Mehl.

Das Innere des Museums beherbergt in dem Gebiet gefundene Artefakte sowie eine Ausstellung über den Prozess des Steinmahlens. Zu sehen sind der ursprüngliche Verlauf der Gewässer und Leitungen sowie ein am Ufer des Liesbeek gefundener Dampfkessel aus Cornwall und Mühlsteine aus französischem Buhrstein. Diese wurden nicht aus einem Stück gefertigt, sondern aus Quarzteilen zusammengesetzt, die mit Eisenbändern und Gips in einem das Mahlen begünstigenden Muster verbunden wurden. Französischer Buhrstein stammt aus dem nordfranzösischen Marne-Tal.

Die Mühle blickt auf eine interessante Geschichte zurück. Der junge schwedische Immigrant Jacob Letterstedt arbeitete einst als Betriebsleiter auf einem Bauernhof am Ufer des Liesbeek River. Nach einiger Zeit heiratete er die Eigentümerin, eine 18 Jahre ältere Witwe. 1840 erbaute Letterstedt die Mühle und ließ aus England ein Wasserrad liefern. Die Maschine war präzise gearbeitet und verfügte über eine Leistung von zehn PS.

Letterstedt benannte die Mühle nach der schwedischen Kronprinzessin Josephine und ließ außerdem eine elegante, fünf Stockwerke hohe Dampfmühle mit einem hohen, dekorativen Schornstein errichten.

NEWLANDS SPRING

11

Die Quelle von Kapstadts Brauindustrie

Springs Way, Newlands
Wasserzapfstelle: Ecke Letterstedt Road/Main Road
Täglich von 6–21 Uhr
Eintritt frei

Am Ende einer ruhigen Sackgasse in einem alten Teil von Newlands ragt ein weißes Plastikrohr aus dem Boden, aus dem klares, kaltes Quellwasser sprudelt. Es handelt sich hierbei um den Überlauf der genau an dieser Stelle unter der Erde liegenden Newlands Spring. Das Rohr an sich mag nicht besonders spektakulär sein, doch das Wasser aus dieser Quelle spielte eine entscheidende Rolle für der Entwicklung des Vorortes und die Geschichte des Brauwesens in Südafrika.

Newlands Spring ist eine von mehreren Quellen in der Gegend. Die frühen Siedlungen auf dem Gebiet von Newlands waren für den Hausgebrauch und die Industrie auf ihr Wasser angewiesen. Die erste Brauereilizenz von ganz Südafrika wurde 1694 in Newlands erteilt. Ende der 1880er-Jahre befanden sich hier bereits vier Brauereien: Hiddingh's Cannon Brewery, Letterstedt's Mariendahl Brewery, Cloete's Newlands Brewery und Ohlsson's Annenberg Brewery. Alle nutzten das als besonders hochwertig geltende Wasser aus der Newlands Spring, um das beste Bier Kapstadts zu brauen.

Später kaufte Anders Ohlsson die anderen Brauereien, einschließlich der Wasserrechte für die Newlands Spring, und gründete die Ohlsson's Cape Breweries. Heute gehören das Land und die Quelle jedoch den South African Breweries (SAB), was nicht einer gewissen Ironie entbehrt, da SAB aus den Castle Breweries mit Sitz in Johannesburg hervorging. In den frühen 1900er-Jahren war Castle Lager die schärfste Konkurrenz von Ohlssons Lion Lager.

Die Quelle versorgt die Newlands Brewery noch heute täglich mit mehr als 1,5 Millionen Litern Wasser, einer Menge, die konstant geflossen ist, seit 1942 ein Rohr von der Quelle zur Brauerei verlegt wurde. Davor gelangte das Quellwasser über einen offenen Kanal zur Brauerei. Das Wasser aus der Quelle wird regelmäßig getestet und ist von sehr hoher Qualität. Sein pH-Wert liegt bei 5,9 (je saurer das Wasser, desto mehr Wasserstoff ist darin enthalten und desto hydratisierender ist es) und es weist einen geringen Mineralgehalt und keine Schadstoffe auf.

SAB hat an der Ecke Letterstedt Road/Main Road einen Zapfpunkt einrichten lassen, der täglich von 6 bis 21 Uhr geöffnet ist und der Tag für Tag von einem stetigen Besucherstrom aufgesucht wird. Von Anzugträgern und BMW-Fahrern über Polizisten, Hausfrauen und Rentner bis hin zu den Parkplatzwächtern von gegenüber kommen die Menschen, um Behältnisse aller Art mit frischem Wasser zu befüllen. So bringt die Quelle all die Kapstädter zusammen, die um ihr Geheimnis wissen.

PARADISE

Die Überreste des Cottage des ersten Holzschnitzmeisters

Newlands Forest, Union Avenue, Newlands
Von der M3 in Richtung Newlands Forest fahren. Der Parkplatz ist gleich nach dem Abbiegen erreicht. Der Teerstraße hinauffolgen, dann links weitergehen. An der dritten Abzweigung links abbiegen (die Abzweige sind durch Bänke markiert) und anschließend rechts halten, bis das „Paradies" erreicht ist
Ganzjährig von Sonnenaufgang bis Sonnenuntergang
Eintritt frei

Zwischen Roterlen, weißem Stinkholz und englischen Eichen liegt tief im Newlands Forest verborgen die Ruine einer Steinhütte, die gemeinhin als „Paradise" bekannt ist. Die Ruine stammt aus der Mitte des 18. Jahrhunderts, doch der erste Mensch, der hier lebte, traf bereits 1657 ein, nur fünf Jahre nach van Riebeeck.

Damals wurden dem freien Zimmermann und Säger Leenderts Cornelis die Nutzungsrechte für „Het Paradijs" sowie ein Waldstück dort, wo heute Newlands und Kirstenbosch liegen, übertragen. Seine Aufgabe bestand darin, den Wald vor illegalem Holzeinschlag zu schützen und die Siedlung kontinuierlich mit Holz zu versorgen. Aufgrund von Fehlverhalten wurde er jedoch 1661 seiner Aufgaben entbunden.

1714 waren die Wälder am Tafelberg derart zusammengeschrumpft, dass die Kompanie (VOC) sich gezwungen sah, strenge Kontrollen einzuführen. Ein Forstmeister und eine Garnison Soldaten wurden ins Paradies entsendet, um dort nach illegalen Holzfällern Ausschau zu halten (wobei sie öfter entlaufene Sklaven und Gauner einfingen).

Die ersten festen Gebäude entstanden 1735. Ein „luxuriöseres" Haus, dessen Ruinen heute zu sehen sind, wurde zwischen 1750 und 1770 errichtet. Ein Stück weit vom Haupthaus entfernt liegen die Überreste der Garnisonsunterkunft, dazu ein Nebengebäude, das vermutlich als Stall diente. Während der Forstmeister und seine Familie einen relativen Komfort genossen, mussten die Soldaten mit geringem Sold, karger Kost und brutaler Disziplin leben, sodass viele von ihnen in ihrer Verzweiflung Gemüse von den umliegenden Höfen stahlen. Dieses Leben in Armut dürfte kaum das gewesen sein, was sie sich vorgestellt hatten, als sie sich in Amsterdam freiwillig meldeten, um der Wirtschaftskrise in Europa zu entkommen!

Die Mauern von Paradise sind eine Kombination aus Naturstein und Ziegel, teils aus der Gegend, teils Importe aus den Niederlanden. Die Steinfundamente verringerten die Feuchtigkeit und bildeten eine tragfeste Grundlage für die schweren, reetgedeckten Holzdächer. Der Giebel war vollständig aus Stein gebaut, um dem Südostwind standzuhalten. Die Öffnungen für die Dachbalken sind noch heute gut zu erkennen.

Von 1797 bis 1800 nutzten Lady Anne Barnard und ihr Mann Andrew das Haus als Landsitz. Durch Lady Annes berühmte Tagebücher ist Paradise auch, vielleicht nicht so ganz passend, als Lady Anne Barnard's Cottage bekannt.

DAS BOSHOF-PORTAL

(13)

Eines der schönsten Portale des alten Kapstadts

Kreuzung Paradise Road/Boshof Avenue, Newlands

Unzählige Kapstädter fahren Tag für Tag an dem eleganten, weiß gekalkten Holztor an der verkehrsreichen M3-Schnellstraße in Newlands vorbei. Nur wenige von ihnen dürften wissen oder bemerken, dass dies der einstige Eingang zum alten Boshof Estate aus dem 18. Jahrhundert ist. Ab 1658 wurde das Land von Mowbray bis Newlands in eine Vielzahl kleinerer Anwesen am Liesbeek River unterteilt. 1666 ging das Gebiet in der Gabelung zwischen Old Wagon Road, dem Wald und der Hauptstraße nach Süden an den Müller Wouter Mostert (nicht der Mostert, nach dem die Mühle benannt wurde). Mostert nannte seine Farm Goed en Quaad, was soviel heißt wie „Gut und Böse". Später wurde das Anwesen um einen kleinen angrenzenden Hof (Boshof) erweitert und mit den Worten „in der Wildnis, nördlich des Liesbeek River" beschrieben. Das Grundstück erstreckte sich vermutlich vom Berg bis zum Fluss und vom Tor bis zum heutigen Kirstenbosch.

Alexander van Breda übernahm die Farm 1786 und ließ das Tor vermutlich kurze Zeit später errichten. Es scheint wahrscheinlich, dass es die Arbeit kapmalaischer Sklaven ist (von denen damals viele begabte Hand-

werker waren). Das im neoklassischen Stil gestaltete, mit Urnen und kunstvoll profilierten Köpfen verzierte Tor gilt heute als eines der schönsten und am besten erhaltenen von ganz Kapstadt. Es führt auf die Boshof Avenue, eine der ältesten Straßen Kapstadts, von der aus der Giebel des originalen Boshof-Gutshofs aus dem Jahr 1776 zu sehen ist. 1941 wurde das Boshof-Portal (Boshof Gateway) zum Nationaldenkmal erklärt.

Anwesen, die zu Vororten wurden

Das erste Anwesen südlich von Kapstadt war Welgelegen (s. S. 132). Daran angrenzend lag Zorgvliet, an das heute nichts – nicht einmal mehr ein Straßenname – erinnert. Die nächste Farm, Rustenberg, war bis 1791 Residenz des Gouverneurs. Auf die Nachbarfarm Groote Schuur, anfangs ebenfalls in Regierungsbesitz, folgte Klein Schuur. Darüber lag in Richtung Südwesten Mount Pleasant, darunter Westervoot (später engl. Westerford). In Papenboom, auch bekannt als die Brouwery, wurde 1696 das erste Bier Kapstadts gebraut. Newlands, ursprünglich Nieuwland, wurde im ausgehenden 18. Jahrhundert zum Landsitz des Gouverneurs. Südlich von Newlands lagen Boshof, Fernwood und die alte Kompanie-Farm Paradijs. Das Anwesen von van Riebeeck, Boschheuvel, befand sich im nächsten Tal und trägt heute den Namen Bishopscourt.

DER HERSCHEL-OBELISK

Eine Hommage an einen profilierten Astronomen

Grove Primary School, Grove Avenue, Claremont

In der Mitte einer kleinen Schule in Claremont steht ein Denkmal zu Ehren von Sir John F. W. Herschel, dem berühmten britischen Astronomen und einzigen Sohn des ebenfalls berühmten Astronomen Sir William Herschel.

Herschel kam 1834 ans Kap, um den Südhimmel zu beobachten. Im Gepäck hatte er ein sechs Meter großes Spiegelteleskop, das er in Feldhausen aufstellte, wo er Quartier bezogen hatte. Während seines Aufenthalts kartierte er den Argo-Nebel, katalogisierte Objekte in den Magellanschen Wolken und lokalisierte knapp 2.000 weitere Nebel und Sternhaufen. Er entdeckte über 1.200 Doppelsternpaare und beobachtete den Halleyschen Kometen bei seiner Wiederkehr in den Jahren 1835/36. Neben seiner astronomischen Arbeit trug Herschel zum Aufbau eines Bildungssystems in Kapstadt bei, mit Schwerpunkt Mathematik und Wissenschaft.

Als Herschel dem Kap den Rücken kehrte, verkaufte er Feldhausen unter der Prämisse, dass ein rundes, 20 Meter großes Teilstück um den früheren Standort seines Teleskops herum sein Eigentum blieb. In der Mitte dieses Kreises stellte Herschel eine kleine Granitsäule mit seinen Initialen und den Daten seines Aufenthalts auf. Später beschlossen Mitglieder der *South African Literary and Scientific Institution*, deren Präsident Herschel gewesen war, seiner wissenschaftlichen Errungenschaften und seines Beitrags für das Kapstädter Bildungswesen mit einem dauerhaften Ehrenmal zu gedenken.

Die gelbe Granitsäule aus Craigleith-Stein aus einem Steinbruch nahe Edinburgh kostete rund 300 Pfund Sterling und wurde 1841 über Herschels eigener Statue aufgestellt, die durch eine seitliche Öffnung an der Basis des Obelisken zu sehen ist. Darin enthalten waren ursprünglich auch eine Zeitkapsel mit sechs goldenen Medaillons, einer Karte der Kolonie, Maclears Triangulation von Kapstadt, eingravierten Nebulae und Kometen, statistischen Berichten, einer Skala und Münzen. Auf den anderen drei Seiten wurden Inschriften auf Englisch, Niederländisch und Latein angebracht.

Die lateinische Inschrift besagt in etwa: „Hier stellte John F. W. Herschel einen sehr großen Spiegel auf, den er eigenhändig in England gebaut hatte, und beobachtete fachkundig die in weitester Entfernung leuchtenden Sterne und Nebulae, ihre Position und ihre Arten. So vollendete der Sohn in Afrika pflichtbewusst die herausragende Arbeit, die sein berühmter Vater und er selbst auf der nördlichen Hemisphäre begonnen hatten."

DIE REKORD-BÄUME IN DEN ARDERNE GARDENS

15

Die größte Sammlung erstaunlicher Bäume in Südafrika

222 Main Road, Claremont
Täglich von 8–18 Uhr
Eintritt frei / Spendenbox
Eine Karte sehenswerter Bäume ist in der Scala-Apotheke auf der anderen Straßenseite erhältlich

In einem kleinen botanischen Garten im Herzen von Claremont können sechs der erstaunlichsten Bäume Südafrikas bewundert werden. Als das Ministerium für Wasser und Forstwirtschaft 2003 ein Gesetz zum Schutz sogenannter Champion Trees („Rekord-Bäume" von außergewöhnlicher Bedeutung und kulturellem Wert) erließ, stellte sich heraus, dass die Arderne Gardens die größte Sammlung solcher schützenswerten Bäume besaßen.

Am eindrucksvollsten ist vielleicht ein 37 Meter hoher Moreton-Bay-Feigenbaum. Mit seinen gewundenen Wurzeln ist er einer der größten Bäume des Landes und aufgrund seiner großen Beliebtheit für Hochzeitsfotos auch als Wedding Tree („Hochzeitsbaum") bekannt. Die große Aleppo-Kiefer ist mit ihren 40 Metern doppelt so hoch wie gewöhnlich und gilt als größte ihrer Art weltweit. Eine 43 Meter hohe Norfolk Island Pine ist eine Nachfahrin des ersten Exemplars dieser Kiefernart in Südafrika, das 1847 für fürstliche fünf Pfund erstanden und im Zentrum der Anlage gepflanzt wurde, 1914 jedoch einging. Möglicherweise gehen alle Norfolk Island Pines in ganz Südafrika auf diesen einen Baum zurück. Die drei anderen Champion Trees – eine alte Türkische Eiche, eine runzelige Korkeiche und eine Queensland-Kaurifichte – sind vermutlich nicht ganz so spektakulär, aber nicht weniger schön.

Die meisten der Bäume wurden vom Gründer des Gartens gepflanzt, Ralph Henry Arderne, einem Holzhändler, der das Land (das ursprünglich Teil des alten Stellenberg Estate war) 1845 kaufte. Arderne nutzte seine Verbindungen aus dem Holzgeschäft und verlieh seiner Liebe zu exotischen Bäumen und Pflanzen in einer der bedeutendsten Sammlungen Südafrikas Ausdruck. Wer durch den Garten schlendert, kommt auch an einem mächtigen Drachenbaum von den Kanarischen Inseln, australischen Bunya-Bunya-Bäumen mit fünf Kilogramm schweren Zapfen, riesigen Baumfarnen aus Neuseeland, Brasilianischen Araukarien, Himalaya-Zedern, kalifornischen Redwoods und der vermutlich einzigen neukaledonischen *Araucaria rulei* in ganz Südafrika vorbei. Nach seinem Tod führte Ardernes nicht weniger begeisterter Sohn Henry die Sammlung fort, insbesondere mit der seltenen *Watsonia borbonica Ardernii*, die nach ihm benannt wurde, nachdem er sie auf einer Wanderung an den Zedernbergen entdeckt hatte.

Die Gärten sind heute ein Nationaldenkmal und werden von der Stadt Kapstadt sowie den Freunden der Arderne Gardens gepflegt.

STELLENBERG GARDENS

Die schönste private Gartenanlage von Kapstadt

30 Oak Avenue, Kenilworth
021-761-2948
Dienstag, Mittwoch und Freitag nach vorheriger Anmeldung von 10–13 Uhr und von 14–16.30 Uhr; letzte Führung um 15 Uhr

Gut versteckt im wohlhabenden Vorort Kenilworth liegt ein Haus, das von manchen Historikern als das schönste auf der Kaphalbinsel bezeichnet wird. Nur die Gärten von Stellenberg wurden in letzter Zeit noch mehr gefeiert. In den späten 1980er-Jahren begannen die heutigen Besitzer von Stellenberg, Sandy und Andrew Ovenstone, damit, die Gärten mit ihren alten Eichen, weiten Rasenflächen, hohen Pappeln und ihrem wilden Unterholz in etwas umzugestalten, das es mit der Schönheit des in ihrer Mitte ruhenden Hauses aufnehmen können sollte.

Ein- bis zweimal pro Jahr öffnen die Ovenstones die Gärten von Stellenberg für Besucher. Gegen einen geringen Eintritt – der für einen wohltätigen Zweck gespendet wird – kann man dann nach Lust und Laune über das Grundstück wandeln und sich an den verschiedenen „Außenräumen" erfreuen. Denn die Gärten sind in zwölf einzelne Bereiche unterteilt, die durch alte Mauern und die Topografie des Geländes als eine Reihe ineinander übergehender Räume strukturiert sind. Jeder Garten hat ein anderes Thema, eine andere Stimmung, doch alle wollen ein Gefühl von Ruhe und Heiterkeit vermitteln.

Seit Sandy Ovenstone 1973 nach Stellenberg kam, entwickelte sie auf Reisen zu berühmten englischen Gärten wie Sissinghurst und Hidcote sowie örtlichen Gärten wie Babylonstoren eine zunehmende Leidenschaft für den Gartenbau. 1987 realisierte sie mithilfe der Innendesigner Graham Viney und Gary Searle ihren ersten Garten in Stellenberg, den in Form eines Andreaskreuzes angelegten Kräutergarten.

Einige Jahre später half ihr der renommierte englische Innen- und Gartendesigner David Hicks, den Tennisplatz in einen „Mauergarten" zu verwandeln, der ursprünglich mit Rosen bepflanzt war, später jedoch, als Sandy Ovenstone sich mehr für zeitgenössische Gartentrends zu interessieren begann, durch Pflanzung aufsehenerregender Stauden und beschnittene Myrtenhecken umgestaltet wurde.

Die südafrikanische Gartenarchitektin Franchesca Watson spielte eine bedeutende Rolle bei der Planung des Mittelaltergartens mit seinem Brunnen aus Paarl-Granit und einer Kombination aus Obst, Gemüse und Heilkräutern sowie des von hohen Hecken umgebenen Gartens der Besinnung, in dessen drei schwarzen Becken sich der Himmel spiegelt. Watsons Handschrift ist auch im Wassergarten wiederzuerkennen, einer Hommage an die Quelle, der zu Zeiten der Gründung der Farm im 18. Jahrhundert große Bedeutung zukam.

Darüber hinaus finden sich in der Anlage noch der Wilde Garten, ein schattiger Dschungel mit afrikanischen Pflanzen, der Pool-Garten, dessen blau und violett blühende Begrenzungspflanzen das Türkis des Wassers aufgreifen, und der Weiße Garten, in dem duftende weiße Blumen aller Art blühen.

DAS NATURSCHUTZGEBIET AM HIPPODROM VON KENILWORTH ⑰

Ein einzigartig erhaltenes Ökosystem auf der Kaphalbinsel

Kenilworth Racecourse, Rosmead Avenue, Kenilworth
Nähere Informationen auf krca.co.za
Zugang nur nach vorheriger Terminvereinbarung im Rahmen von geführten Rundgängen: Die Freunde des KRCA organisieren thematische Spaziergänge, im Frühling stehen Blumen auf dem Programm, im August Frösche und immer wieder auch Spinnen. Der Eintritt liegt für gewöhnlich bei 10 bis 20 Rand

Wohl kaum jemand würde Pferderennen mit Naturschutz assoziieren. Den meisten Kapstädtern ist die älteste Pferderennbahn des Landes besser als Veranstaltungsort des jährlichen Renn- und Modeevents J&B Met bekannt. Das Veld, um das seit 1882 die Rennbahn verläuft, wird durch diese seitdem zugleich unbeabsichtigt geschützt.

Die 52 Hektar Sand-Fynbos der Cape Flats im Zentrum des Kurses sind seit mehr als 130 Jahren unberührt und konnten sich so zum bestgeschützten Beispiel für das Ökosystem auf der Kaphalbinsel entwickeln. Bereits 1882 zählte das Gebiet zu den 35 wichtigsten botanischen Standorten des Landes. Formelle Bemühungen, es zu erhalten, gibt es jedoch erst seit 2006.

Was aus der Ferne wie gewöhnliches Gestrüpp anmutet, beherbergt in Wahrheit mehr als 350 einheimische Pflanzenarten, von denen 34 gefährdet und zwei (*Erica margaritacea* und *Isolepsis bulbifera*) nirgendwo anders auf der Erde zu finden sind. Kein anderes natürliches Vegetationsgebiet im urbanen Raum gilt hinsichtlich der Anzahl von Pflanzenarten in Bezug auf die physische Ausdehnung als annähernd so vielfältig wie dieses.

Zwei Heidekrautarten, die in der Wildnis als ausgestorben gelten, *Erica verticillata* und *Erica turgida*, blühen hier heute nach einem kontrollierten Abbrennen im März 2005 wieder in voller Pracht. Gezielte Brände, die jährlich seit 2010 gelegt wurden, brachten *Hessea cinnamomea* wieder zum Vorschein, die dort seit über 70 Jahren nicht mehr geblüht hatte.

Innerhalb des Schutzgebiets liegen mehrere saisonale Feuchtgebiete, die neun verschiedenen Froscharten als Brutstätte dienen, darunter eine von nur vier verbleibenden Populationen des am südwestlichen Kap endemischen, stark gefährdeten Cape-Flats- bzw. Micro-Froschs (*Microbatrachella capensis*). Mit ausgewachsen gerade einmal 15 Millimetern Länge gilt er als eine der kleinsten Amphibien Südafrikas. Die Brutzeit beginnt im regnerischen Winter, für gewöhnlich zwischen Juli und September. Dann ist er am besten zu sehen und zu hören. In den Sommermonaten verstecken sich die Micro-Frösche im dichten Gras am Rande der Feuchtgebiete und begeben sich, um nicht auszutrocknen, in einen (dem Winterschlaf ähnlichen) Sommerschlaf.

In dem Gebiet haben außerdem 21 Reptilienarten wie die nur zehn Zentimeter große Areolen-Flachschildkröte ein Habitat gefunden, dazu gesellen sich über 90 Vogelarten, die hier leben oder Halt machen, darunter der seltene Wanderfalke.

DAS MILITARY AQUATIC CENTRE IN WYNBERG ⑱

Ein beheiztes, öffentlich zugängliches Schwimmbad auf einer Militärbasis

Ecke Scoble Road/Buren Road, Wynberg Military Base, Wynberg
Täglich von 10–15 Uhr

Wer gerne schwimmt, aber in keinem Verein Mitglied ist, hat in Kapstadt im Winter nur wenige Möglichkeiten, seine Bahnen zu ziehen. Das einzige öffentliche Schwimmbad, das geöffnet bleibt, sind die Long Street Baths. Zum Glück gibt es ein weiteres Schwimmbad, das sich zum Training eignet, von dem kaum jemand in Kapstadt je gehört hat und in dem keine Mitgliedschaft erforderlich ist.

Das Wynberg Military Aquatic Centre ist nicht ganz leicht zu finden. Ein GPS-Gerät ist hilfreich, denn selbst die Bewohner der Militärbasis sind nicht unbedingt in der Lage, einem den richtigen Weg zu weisen. Betrieben wird das Zentrum von einer Schwimmschule namens Swimlab, doch auch Freizeitschwimmer sind willkommen. Das überdachte, 24 °C warme 25-Meter-Becken verfügt über vier Bahnen. Bei unserem Besuch trafen wir auf einen einzigen Schwimmer: Darren Murray, südafrikanischer Olympiateilnehmer über 200 Meter Rücken. Die Umkleiden und sanitären Anlagen sind einfach. Trotz der Rasenfläche im Außenbereich steht das Training im Vordergrund, Familien auf Freibadbesuch sind eher selten anzutreffen.

Ein Besuch im Schwimmbad bietet Gelegenheit, die Militärbasis zu erkunden, abgesehen vom Castle of Good Hope die älteste Militäreinrichtung des Landes. Die Basis geht auf das Jahr 1797 zurück. Die meisten Originalbauten existieren heute nicht mehr. Die Offiziersmesse im viktorianischen Stil jedoch, erbaut 1888 und seit 1969 Nationaldenkmal, ist noch heute zu sehen.

Ein weiteres öffentliches Schwimmbad mit Aussicht

Im Trafalgar Park an der Searle Street in Woodstock liegt ein weiteres weniger bekanntes öffentliches Schwimmbad (geöffnet von Mitte Oktober bis März). Das 48-Meter-Becken hat fast olympische Größe und bietet einen fantastischen Blick auf den Devil's Peak und den Tafelberg. Die schöne Anlage mit Rasenflächen, Palmen und einem Kinderplanschbecken lädt zum Verweilen ein. An besonders heißen Wochenendtagen und in den Schulferien kann es recht voll werden. Unter der Woche jedoch stehen die Chancen gut, dass außer Ihnen nur der Bademeister und eine oder zwei freche Möwen anwesend sind. Geöffnet täglich von 10 bis 17 Uhr.

ENCEPHALARTOS WOODII

19

Die einsamste Pflanze der Welt

Kirstenbosch National Botanical Gardens
Täglich von 8–18 Uhr

Der Titel „einsamste Pflanze der Welt" gebührt einem der seltensten Palmfarne (*Cycadales*) im Botanischen Garten von Kirstenbosch. 1895 stieß John Medley Wood, Kurator des Botanischen Gartens von Durban, im oNgoye Forest in KwaZulu-Natal auf ein Exemplar von *Encephalartos woodii*, bestehend aus vier Stämmen einer einzigen Pflanze. Diese wurde als neue Art identifiziert und 1908 nach ihrem Entdecker benannt.

1903 entsandte Wood seinen Stellvertreter James Wylie, um einige Sprösslinge zu sammeln. 1907 kehrte Wylie erneut zurück, um zwei der größeren Stämme zu holen, die noch heute in den Durban Botanic Gardens wachsen. 1912 war in der freien Natur nur noch ein drei Meter hoher Baumstumpf zu finden, der 1916 an den Regierungsbotaniker in Pretoria geschickt wurde, 1964 jedoch einging. Trotz zahlreicher Exkursionen in den oNgoye-Wald konnten bislang keine weiteren Exemplare gefunden werden. Heute gilt die Pflanze in freier Natur als ausgestorben.

Das Problem für *E. woodii* ist, dass Palmfarne zweihäusig, also männlich oder weiblich, sind. Die Pflanze, über die Wood seinerzeit stolperte, war männlich. Weibliche Exemplare scheint es nicht mehr zu geben. So scheint es heute unmöglich, diesen mächtigen Palmfarn, der fünf Eiszeiten überdauerte und dessen Ursprünge rund 340 Millionen Jahre in die Vergangenheit und damit in Zeiten vor den Dinosauriern zurückreichen, nachzuzüchten.

Alle heute existierenden Exemplare von *E. woodii* gehen auf Wurzelschößlinge derselben Pflanze zurück, die mit Preisen von bis zu 20.000 US-Dollar für einen Ableger nicht nur zu den seltensten, sondern auch zu den teuersten Pflanzen zählt. Ein von Kirstenbosch einmal für 89.000 Rand (ca. 7.500 USD) verkaufter Ableger galt seinerzeit als Schnäppchen. Um Diebe abzuhalten, ist der Baum in Kirstenbosch eingezäunt.

Wenngleich noch Hoffnung besteht, dass eines Tages irgendwo im oNgoye-Wald ein wildes (bestenfalls weibliches) Exemplar gefunden wird, lassen Botaniker nichts unversucht, um einen weiblichen *E. woodii* zu züchten. Bei einer Methode werden Exemplare des nächsten Verwandten *E. natalensis* mit Pollen aus den Zapfen befruchtet und anschließend erneut über viele Generationen hinweg mit *E. woodii* gekreuzt. Dieser Prozess ist jedoch äußerst langwierig und kann im Ergebnis nie einen reinen *E. woodii*, sondern immer nur Hybride hervorbringen. Andere Forscher hoffen, dass eine der männlichen Pflanzen eines Tages ihr Geschlecht wechselt, was bei anderen Palmfarnen bisweilen bereits vorkam.

Bis dahin ist *E. woodii* in den Worten des Biologen Richard Fortey „der einsamste Organismus der Welt, dazu verdammt, allein und ohne Nachkommen zu altern".

VAN RIEBEECKS HECKE

Ein pflanzlicher Beweis für die ersten Vorboten der Apartheid

Kirstenbosch National Botanical Gardens
Täglich von 8–18 Uhr

Im Herzen des Magic Forest (des „Magischen Waldes") im Botanischen Garten von Kirstenbosch stehen mehrere wilde Mandelbäume von beträchtlicher Größe. Sie spenden Picknickenden angenehmen Schatten und Kindern beste Voraussetzungen zum Herumklettern, blicken jedoch auf eine eher unrühmliche Geschichte zurück.

Die größten dieser Bäume sind über 200 Jahre älter als der Garten. Es sind die Überreste einer Hecke, die Jan van Riebeeck 1660 von seinen Männern pflanzen ließ, nur wenige Jahre nach Eröffnung des Außenpostens der Niederländischen Ostindien-Kompanie (VOC) in Kapstadt. Ob zufällig oder gewollt – die neue Siedlung lag genau auf den traditionellen Weiderouten des lokalen Volksstammes der Khoikhoi, was zu anhaltenden Konflikten und Viehdiebstählen führte.

Die niederländische Administration beschloss, „ihr" Land durch Anpflanzung von „Bittermandeln und anderen schnellwachsenden Dornengewächsen in Form einer natürlichen Barriere" einzufrieden, „um das Durchführen von Rindern und Schafen zu verhindern". Diese Vorgehensweise war zwar in Holland gang und gäbe, stellte sich in Südafrika jedoch als schauriger Vorbote dessen heraus, was später in die Apartheid mündete, in der die weißen Siedler sich das beste Land herauspickten und die indigenen Afrikaner zwangsumsiedelten.

Ironischerweise erwies sich die schnell und dicht wachsende Hecke auch für ihre Urheber als Nachteil. Denn das beste Weideland lag auf der anderen Seite und angesichts des schnellen Wachstums der Siedlung sahen sich die Niederländer bald gezwungen, ihr Vieh außerhalb der Begrenzung zu weiden. Der Abschnitt von van Riebeecks Hecke, der heute noch in Kirstenbosch zu sehen ist, ist älter als alle sonstigen noch vorhandenen menschengemachten Strukturen aus jener Zeit – auch das Castle – und zählt zu den ersten am 17. April 1936 deklarierten offiziellen Nationaldenkmälern Südafrikas.

Die wilde Mandel

Brabejum stellatifolium wird oft als wilde Mandel oder Bittermandel bezeichnet, ist jedoch in Wirklichkeit keine Mandel, sondern eine Pflanze aus der Familie der Silberbaumgewächse. Ihre nächsten botanischen Verwandten finden sich interessanterweise nicht in Südafrika, sondern in weiter Ferne in Australien. Ihre Früchte sind giftig und führten zum ersten verzeichneten Vergiftungstod in Südafrika, als ein Mann 1655 nach dem Verzehr von zu vielen bitteren *amandelen* starb. Nichtsdestoweniger waren wilde Mandeln fester Bestandteil des Speiseplans der Khoikhoi, die diese durch Einweichen, Kochen und Rösten essbar machten.

THE ENDEMIC PROJECT

(21)

Ein faszinierendes nächtliches Kulturerlebnis

Rhodes Drive - Constantia

Wer nachts zwischen dem Botanischen Garten von Kirstenbosch und dem Kreisverkehr am Constantia Nek in Richtung Hout Bay durch den Wald fährt, bemerkt ein merkwürdiges Phänomen. Am Rand dieser laternenlosen, dunklen Straße fangen die Scheinwerfer ein kryptisches Schild ein, auf dem schlicht steht: „once upon a time" – „es war einmal". Danach folgt eine Reihe leuchtender Tiere: Schmetterlinge, Frösche, Sunbirds, Antilopen und Schildkröten.

Sie sind Teil einer immersiven Installation des lokalen Filmemachers und Künstlers Bryan Little. Dieser war es leid, immer neue konventionelle Videos zu drehen, und begann zu experimentieren und neue Wege, Geschichten zu erzählen, auszuloten. *The Endemic Project* (wörtl. „Das endemische Projekt") ist einer der ersten von ihm als *future film* bezeichneten Streifen, der ohne Kamera auskommt und die Zuschauer durch die eigene Fahrzeugbewegung als zeitliches und narratives Element in die Szene einbindet. Little sagt, er wolle „die Autos der Leute in Raumschiffe verwandeln, um sie auf eine Reise durch ihren Hinterhof mit(zu)nehmen". Die mit Reflektorband auf dunklem Hintergrund gearbeiteten *light paintings* zeigen endemische Tier- und Pflanzenarten vom Westkap, die in dem Vorort nicht mehr zu finden sind. Der

Soundtrack stammt von dem Tongestalter Simon Kohle und verbindet atmosphärische Musik mit den Geräuschen der Tiere. Halten Sie an der Strecke nach der geometrischen Landschildkröte, dem Tafelberg-Geisterfrosch und dem Goldbrust-Nektarvogel Ausschau.

So funktioniert die Teilnahme am Projekt

Aktivieren Sie bei Ihrem Smartphone die GPS-Funktion. Installieren Sie über den AppStore oder Google Play die kostenlose App „VoiceMap: Audio Walking Tours". Wählen Sie „The Endemic Project" in Kapstadt aus und laden Sie den kostenlosen, mit Geotags versehenen Soundtrack herunter. Verbinden Sie Ihr Gerät per Bluetooth oder Kabel mit einem Headset oder der Freisprechanlage Ihres Fahrzeugs.

Öffnen Sie *The Endemic Project* in der App, drücken Sie START und fahren Sie los. Wählen Sie im „Start Route"-Menü „YES", folgen Sie den Anweisungen und stellen Sie die Lautstärke ein. Fahren Sie nun bei laufender App an den Kirstenbosch Gardens vorbei in Richtung Hout Bay. Fahren Sie an der nächsten Kreuzung rechts. Der Soundtrack startet automatisch. Die Strecke ist fünf Kilometer lang und die Tour dauert rund sechs Minuten. Das beste Erlebnis bietet sich nachts bei einer Geschwindigkeit von 50 Stundenkilometern.

ORANGE KLOOF

Die beste und exklusivste Wanderung am Tafelberg

Constantia Nek, Hout Bay
Gebietsverwalter des SanPark: 021-422-1601
Zugang nur mit Genehmigung und Guide
Eintritt frei für Gruppen von 6–12 Personen

Der Parkplatz am Kreisverkehr oben am Constantia Nek ist Ausgangspunkt für den einfachsten Aufstieg auf den Tafelberg, der mit Blick zum Berg nach rechts führt. Am linken Ende des Parkplatzes liegt ein weiterer Weg, der jedoch für Unbefugte gesperrt ist.

Ein Schild weist Wanderer darauf hin, dass Orange Kloof ein geschützter Teil des Tafelberg-Nationalparks und, aufgrund des hier wachsenden indigenen afromontanen Waldes, ein ausgewiesenes Wildnisgebiet ist. Nur zwölf Menschen pro Tag erhalten die Erlaubnis, das naturreiche, abgelegene Tal – in Begleitung eines akkreditierten Bergführers oder eines Mitglieds des *Mountain Club of South Africa* (*MCSA*) – zu betreten.

Das Tal durchziehen mehrere Wanderwege, von denen jedoch nur einer „offiziell" ist. Der Disa River Trail führt über einen flachen Fahrweg entlang des Tals und folgt dann nach rechts dem Disa River in eine schattige Klamm, vorbei an Farnen, verlockenden Wasserlöchern und moosbedeckten Felsblöcken zu einem schönen, als Hell's Gate („Höllentor") bekannten Wasserfall.

Zwei andere Wege (Intake Ravine und Frustration Gorge) führen zum Gipfel der Zwölf Apostel und des Grootkop. Die Bezeichnung Frustration Gorge geht auf die 1930er-Jahre zurück, als Mitglieder des *MCSA* beim Ziehen der Route kurz vor dem Gipfel auf eine unüberwindbare, sechs Meter hohe Felswand stießen und frustriert aufgeben mussten. Später gelang es doch noch, die Route fertigzustellen, doch sie wird heute wenig begangen. Wer es wagen möchte, benötigt einen erfahrenen Bergführer an seiner Seite.

Orange Kloof bietet eines der schönsten und exklusivsten Wandererlebnisse am Tafelberg, mit unberührten Wäldern, ursprünglichem Fynbos, großartigen Ausblicken und völliger Einsamkeit.

IN DER UMGEBUNG

Myburgh's Waterfall Ravine

Wem es zu umständlich ist, eine Erlaubnis einzuholen und einen Bergführer zu organisieren, dem bietet Myburgh's Waterfall Ravine, erreichbar über einen Weg, der am Ende des Farrier's Way in Hout Bay beginnt, ein ähnlich beschauliches Wandererlebnis. Der mühsame Anstieg über den Bergrücken durch einen Hohlweg mit einem schönen Wasserfall ist als einer der besten Orte zur Bewunderung der Tafelberg-Disa (*Disa uniflora*) bekannt. An den kühlen, feuchten Felsen nahe des Wasserfalls findet diese seltene, streng geschützte rote Orchidee, die zwischen Januar und März blüht, ihr ideales Habitat.

DE HEL

Das Juwel unter den Grünanlagen von Constantia

Eingang über den Southern Cross Drive nahe der Kreuzung am Monterey Drive
Zugang von Sonnenauf- bis Sonnenuntergang
Eintritt frei

Durch die Villen von Constantia zieht sich ein Netz von neun öffentlichen Spaziergängen im englischen Countryside-Stil, die als *green belt* über Weiden, an Bachläufen entlang und durch schattige Wälder führen. Einige sind unter Einheimischen bekannt und beliebt, andere nahezu unberührt. Der abgelegenste und historisch interessanteste von ihnen ist vermutlich jener durch das De-Hel-Naturschutzgebiet.

Das an den Hängen unterhalb von Constantia Nek gelegene, saftig grüne Tal wurde 1714 von der Niederländischen Ostindien-Kompanie (VOC) zunächst unter dem Namen *Wittebomen post* als *buitepost* („Außenposten") genutzt. Der Bergbach diente den hier gelegenen Obst- und Gemüsegärten als unversiegbare Wasserquelle. Sein Baumbestand machte das Tal zu einem von vier Standorten, an denen die Kompanie Holz zur Ausbesserung ihrer Schiffe und anderer Bauten fand.

Alte Triftwege von Viehzüchtern der Khoikhoi durchzogen einst die Gegend und es wird vermutet, dass sich hier auch einige unentdeckte Grablegen befinden. Zudem diente das Tal entlaufenen Sklaven als Durchgangsstation. Aufgrund seiner reichen Geschichte wurde das 21 Hektar große Gebiet 2012 zum lokalen Kulturerbe erklärt.

Die meisten Wanderer folgen dem flachen Fahrweg durch das Tal. Doch es lohnt sich, vom Weg abzuweichen und über verborgene Wege und ein Geflecht kleiner Pfade in den ursprünglichen Dschungel aus Bäumen, Weinranken, Farnen und Springkraut hinabzusteigen. Dort liegt *The Meadow* („Die Weide"), ein flaches Stück Land, auf dem einst die Hütten der Holzfäller standen. Ein paar Obstbäume und Gartenpflanzen aus früheren Zeiten haben die Zeit überdauert. Wären da nicht die Geräusche von der oberhalb gelegenen Straße, man wähnte sich in einem subtropischen Urwald.

Dieser Ort ist Lebensraum einiger der scheusten Vögel des Kaps. Im Dickicht am Rande der Wasserläufe ist der Kapbuschsänger zuhause. Mit ein wenig Glück kann man ihn im Unterholz sehen oder seinen trillernden Gesang hören. Mit Einbruch der Dunkelheit lassen Tropfenralle (*Sarothrura elegans*), Afrika-Waldkauz (*Strix woodfordii*), Fleckenuhu (*Bubo africanus*) und Pfeifnachtschwalbe (*Caprimulgus pectoralis*) ihren Ruf erklingen. Der Kapotter und die Westleopardenkröte leben ebenfalls hier.

Achten Sie darauf, nicht allein an diesen abgeschiedenen Ort zu gehen.

> De Hel hat nichts mit der Hölle zu tun, sondern geht auf Niederländisch *de hellen* = „der Abhang" zurück. Eine sehr passende Beschreibung.

DAS PORTRÄT VON DR. BARRY

Eine Frau, die sich 56 Jahre lang als Mann ausgab, um als Arzt arbeiten zu können

Alphen Boutique Hotel
Alphen Drive
Constantia

In einem Konferenzraum des *Alphen Hotel* hängen mehrere bemerkenswerte Gemälde, darunter eine großformatige Arbeit von Penny Siopis. Eines der Werke indes, es zeigt einen mürrisch dreinblickenden, rothaarigen Mann in britischer Armeeuniform, mutet eigenartig amateurhaft an. Das unscheinbare Gemälde lohnt einen genaueren Blick, denn es handelt sich hier um eines von nur sehr wenigen existierenden Porträts des rätselhaften Dr. James Barry.

Dr. Barry kam 1817 als Chirurg der britischen Garnison nach Kapstadt. Der ungewöhnlich klein gewachsene, 28 Jahre alte Arzt hatte fünf Jahre zuvor sein Studium an der Universität Edinburgh abgeschlossen und war anschließend in die British Army eingetreten. Neben seiner Größe und seiner hohen Stimme fiel Dr. Barry auch durch seine außergewöhnlichen Fähigkeiten und seine Launenhaftigkeit auf.

Erstere stellte er bei einem der ersten erfolgreichen Kaiserschnitte überhaupt unter Beweis, den Mutter und Kind überlebten. Das Kind erhielt den Namen James Barry Munnik und wurde später Taufpate von James Barry Munnik Hertzog, dritter Premierminister der Südafrikanischen Union. Dr. Barry verbesserte zudem die Wasserversorgung von Kapstadt, setzte sich für die bessere medizinische Versorgung von Leprakranken und Gefangenen ein und hob als einer der ersten die Bedeutung hygienischer Bedingungen in Krankenhäusern hervor.

Sein Können wurde einzig von seinem Jähzorn übertroffen. Einem Kleriker mit Zahnschmerzen schickte er einen Hufschmied mit dem Hinweis, es ginge „um einen Esel, dem ein Zahn gezogen werden müsse“. Sein Duell mit Josias Cloete auf Alphen (das noch heute im Besitz der Familie Cloete ist) ist legendär. Später verhielt er sich auf der Krim gegenüber Florence Nightingale derart unverschämt, dass er ihr als „die verhärmteste Person, die ich je traf“ in Erinnerung blieb.

Dennoch ist es möglich, dass weder Dr. Barrys Beitrag zur medizinischen Versorgung in Kapstadt, wo er bis 1828 diente, noch sein exzentrisches Verhalten in Erinnerung geblieben wären, hätte sich nicht herausgestellt, dass er in Wahrheit – eine Frau war.

Erst nachdem Dr. Barry 1865 in London an der Ruhr starb, stellte die Totenwäscherin fest, dass es sich bei dem Verstorbenen um eine Frau handelte. Ungeachtet dessen wurde Dr. Barry beigesetzt und ihre Akte wurde von der Army aus Angst vor einem Skandal 100 Jahre unter Verschluss gehalten.

Erst kürzlich fand ein Forscher Dokumente, die beweisen, dass Dr. Barry 1789 als Margaret Anne Bulkley geboren wurde. 1809 verkleidete sie sich als Mann, um Medizin studieren zu können, was Frauen in Großbritannien bis 1876 nicht gestattet war. Sie hielt ihre Täuschung 56 Jahre lang aufrecht und wurde so zur ersten ausgebildeten – und vermutlich kühnsten – Ärztin der britischen Geschichte.

DER *KARAMAT* VON KLEIN CONSTANTIA (25)

Der lange verloren geglaubte Schrein eines muslimischen Heiligen im Exil

Klein Constantia Road, Constantia
Besucher aller Glaubensrichtungen sind willkommen, werden jedoch gebeten, ihre Köpfe zu bedecken, die Schuhe auszuziehen und respektvoll mit Blick zum Grab zu stehen. Ganzjährig rund um die Uhr – Eintritt frei

Rechts neben dem Tor des Weinguts Klein Constantia führt eine schmale, beschilderte Zufahrt zu einem muslimischen *karamat* (Schrein). Am Ende befinden sich ein kleiner Parkplatz sowie, an einem Bach im Schatten eines Eichenhains, eine Art Miniatur-Moschee. Es handelt sich hier um den *karamat* (ein muslimisches Heiligtum) von Scheich Abdurahman Matebe Shah, eines islamischen Heiligen und einflussreichen Mannes, der von der Niederländischen Ostindien-Kompanie (VOC) als gefährlich eingestuft wurde.

Als die Niederländer Sumatra eroberten, wurde Matebe Shah gemeinsam mit seinem Gefährten Sayed Mahmud nach Kapstadt verbannt und dort zum ersten politischen Exilanten. Was die Niederländer jedoch nicht wussten, war, dass Matebe Shah auch ein *hāfiz* war (Bezeichnung für eine Person, die den gesamten Koran auswendig kennt), und sich unmittelbar daran machte, die muslimischen Sklaven vor Ort zu unterrichten.

Der Scheich kam 1667 in die Kapkolonie und starb vermutlich zwischen 1681 und 1685. Der Schreinwächter erzählt uns, dass niemand wusste, wo er gestorben war, und sein Leichnam über 100 Jahre verschollen war. Für die islamische Gemeinschaft war das eine Tragödie, da die sterblichen Überreste muslimischer Heiliger ihrem Glauben nach heilige Kräfte besitzen.

Eines Tages, als der Farmbesitzer seine Arbeiter anwies, das Feld am Bach zu bestellen, erhob sich, so die Erzählung, in einem Bereich immer wieder die Erde. Schließlich fand man an dieser Stelle den Leichnam von Matebe Shah. Der Farmer wurde über die große Bedeutung des Ortes aufgeklärt und ersucht, der lokalen muslimischen Gemeinschaft Zugang zu gewähren. Als dieser sich zunächst weigerte, ereilte ihn eine Reihe unglücklicher Ereignisse, wodurch er sich letztlich gezwungen sah, seinen Hof aufzugeben. Der neue Eigentümer erwies sich als zugänglicher, sodass der Imam endlich zu seinen Ehren kam.

Eine 250 Jahre alte Prophezeiung

Der Bereich um den *karamat* gilt als besonders friedvoll und bleibt der Legende nach von Feuer, Überschwemmungen und anderen Katastrophen verschont. Eine 250 Jahre alte Prophezeiung besagt, dass die Muslime von Kapstadt durch einen „Kreis von *karamats*" geschützt würden. Dem lokalen Glauben nach ist dieser Kreis nun vollständig.

DIE OOG

Mikrokosmos der Kap-Fauna und Brutstätte einer gefährdeten Krötenart

Ecke Lakewood Avenue/Midwood Avenue, Bergvliet
Täglich von 7–19 Uhr
Eintritt frei

Ein kleiner, unscheinbarer Damm und ein Tiefland-Feuchtgebiet im verschlafenen Vorort Bergvliet sind eine von nur wenigen verbleibenden Brutstätten der gefährdeten Westleopardenkröte (*Amietophrynus pantherinus*). Der alte Damm ist um eine Quelle herum angelegt (daher der Name „Die Oog“, Afrikaans für „Das Auge/die Quelle“) und entstand vor knapp 300 Jahren, als hier 1726 die Bergvliet-Farm erbaut wurde.

Dr. Frederick Purcell, Kurator des South African Museum, der 1904 auf der Bergvliet-Farm lebte, sammelte in der Umgebung über 600 einheimische Pflanzenarten. Die späteren Eigentümer, die Familie Eksteen, nutzte den Damm, um einen See anzulegen. Sie siedelten Schwäne an und schütteten in der Mitte aus Eisenstein eine künstliche Insel auf. Als der Hof 1982 für ein Wohnprojekt aufgeteilt wurde, erklärte die Stadt den Damm und das umliegende, nur 1,2 Hektar große Gebiet zu einem Vogelschutzgebiet.

So winzig das Gebiet ist, beherbergt es doch vier unterschiedliche Ökosysteme. Im östlichen Teil wurde ein kleiner Bereich mit einzigartiger Peninsula-Granite-Fynbos-Vegetation abgeteilt, auf dem im Sommer seltene Geophyten und im Herbst *Erica verticillata* blühen, eine Heidepflanze, die in der Wildnis als ausgestorben gilt und hier wieder angesiedelt wurde.

Der Damm ist eine bedeutende städtische Futter- und Wohnstätte für Wasservögel. An Winterabenden befinden sich auf der Insel bis zu 1000 Vögel – Bless- und Moorhühner, Kuhreiher und Heilige Ibisse. Weitere in Die Oog heimische Vögel sind Wassertriel (*Burhinus vermiculatus*), Weber, Perlhuhn, Fleckenprinie und Dominikanerwitwe.

Auf dem umliegenden Grasland wachsen Bäume, Sträucher und Schilfgräser, die einer Vielzahl anderer Lebewesen – Stachelschweine, Kapotter, Sumpfmanguste, Afrikanische Schnabelbrustschildkröte und Zwergchamäleon – Habitat und Schutz bieten. Im Frühling und Sommer können auf den Felsen rund um die Insel Starrbrust-Pelomedusen beim Sonnenbad beobachtet werden.

Richtig zum Leben erwacht Die Oog jedoch im kalten und feuchten August, wenn sich das Land in ein Feuchtgebiet verwandelt und der Ruf der Westleopardenkröten erklingt, die dann jedes Jahr zu Hunderten zur Fortpflanzung hierherkommen. Nach der Überwindung befahrener Straßen kommen die Kröten Ende Juli, Anfang August an und lassen ihren Balzruf den ganzen Monat über erklingen. Mitte September ist der Damm voller Kaulquappen, die sich rund einen Monat später zu fingernagelgroßen Krötenbabys entwickelt haben. Die Jungtiere verlassen Die Oog gegen Ende des Jahres und kehren mit ein bisschen Glück im nächsten Jahr wieder.

DIE GEFÄNGNISKANTINE VON POLLSMOOR

(27)

Ein öffentliches Restaurant in einem Hochsicherheitsgefängnis

Pollsmoor Maximum Security Prison – Steenberg Road, Tokai
Montag–Samstag von 7.30–14 Uhr
Kein Ausschank von Alkohol
Keine Kreditkartenzahlung

Diese besondere Location dürfte selbst den sachkundigsten Feinschmeckern von Kapstadt neu sein, und das nicht etwa, weil das Essen schlecht wäre. Im Gegenteil, es ist köstlich, frisch und perfekt zubereitet. Die Portionen sind ansehnlich, der Service freundlich. Zudem ist es außerordentlich günstig – einen Lunch für zwei gibt es schon für unter 100 Rand – und Trinkgeld geben ist verboten.

Doch obwohl Pollsmoor Mess (das seit Neuestem Idlanathi heißt) bereits vor mehr als zehn Jahren eröffnet wurde, kommen nur wenige Kapstädter hierher beziehungsweise wissen überhaupt, dass es dieses Restaurant gibt. Das mag daran liegen, dass es nicht besonders gut zu finden ist. Es liegt hinter hohen Mauern, Stacheldraht und Wachposten in einem der berühmtesten Hochsicherheitsgefängnisse der Stadt.

Das Pollsmoor Maximum Security Prison liegt paradoxerweise im wohlhabenden, grünen Vorort Tokai und ist groß genug, um als eigener Vorort durchzugehen. Zu den berühmtesten Insassen zählten Nelson Mandela, Walter Sisulu und Alan Boesak. In dem Gefängnis sind einige der gefährlichsten Straftäter des Landes untergebracht, darunter viele Mitglieder der berüchtigten *Numbers Gang*.

Idlanathi bedeutet auf Zulu „Iss mit uns". Die Vorstellung, dass alle Köche und Kellner Gefängnisinsassen sind, mag zu denken geben, doch es handelt sich ausschließlich um Gefangene der unteren Sicherheitsstufen, die bald entlassen werden. Das Restaurant ist Teil eines Rehabilitations- und Weiterbildungsprogramms. Trotz der unbestreitbaren Gefängnisatmosphäre fühlt man sich angesichts des warmherzigen Empfangs schnell wohl.

Das Restaurant hat zum Frühstück und zum Lunch geöffnet. Auf der Karte stehen gängige, einfache Gerichte wie Fish and Chips, Currys und Burger sowie einige traditionelle afrikanische Gerichte. Wir empfehlen das Hühnerschnitzel (37 Rand). Wer nicht vor Ort speisen möchte, kann das Essen auch zum Mitnehmen bestellen.

Um auf das Gelände zu gelangen, sagen Sie den Aufsehern am Eingang, dass Sie ins Restaurant möchten. Sie zeigen Ihnen den Weg zum Pollsmoor Recreation Centre, wo Sie vor der Tür parken können. Im Voraus zu reservieren ist nicht nötig.

Achten Sie darauf, was Sie fotografieren. Aufnahmen von Ihrem Essen, von sich selbst und vom Restaurant sind gestattet. Aus Gründen der Sicherheit und des Schutzes der Privatsphäre dürfen Gefangene und Wachpersonal jedoch nicht abgelichtet werden.

Chapman's Peak
592 m
Chapman's Point
Ratelklip
Noordhoek
M6
M64
Bokkop
410 m
Ou Kaapse Weg
M4
Main Road
Prince George Drive
Beach Road
Muizenberg
Ridge Peak
507 m
Chapman's Bay
Sun Valley
Sunnydale
Kommetjie
Kommetjie Road
M65
Kommetjie Road
Fish Hoek
Fish Hoek Bay
Glencairn Expressway
Elsie's Peak
303 m
Ocean View
Lighthouse Road
False Bay
Elsiesbaai
Slangkop
119 m
Platkop
371 m
Kleinplaas Dam
Mackerel Bay
Witsandbaai
Grootkop
390 m
Simon's Bay
Roman Rock
M66
Mossel Bay
Schuster's Bay
Scarborough
Red Hill Road
Simon's Town
Oatland Point
Swartkop
678 m
Rocklands Point
Bonteberg
233 m
Klaas Jagersberg
576 m
Miller's Point
Castle Rocks
The Fishery
Plateau Road
Olifantsbos Road
Olifantsbosbaai
Baboon Rock
Smitswinkelbaai
Olifantsbospunt
Batsata Roc
Table Mountain National Park
Mast Bay
Paulsberg
367 m
Hoek van Bobbejaan
Bordjiesrif
ATLANTIC OCEAN
Muishondbaai
The Island
Plumpud Rock
Cape of Good Hope
Cape Poin
N
0
2
4 km

Kap-Halbinsel

① MILKWOOD FOREST *180*
② DAS WRACK DER *SS KAKAPO* *182*
③ DER SLANGKOP-LEUCHTTURM *184*
④ IMHOFF'S GIFT *186*
⑤ PEERS CAVE *188*
⑥ HET POSTHUYS MUSEUM *190*
⑦ DER CUPIDO IN DER CASA LABIA *192*
⑧ DER BAHNHOF VON MUIZENBERG *194*
⑨ FAHNENMASTEN UND GEDENKTAFEL FÜR DIE SCHLACHT VON MUIZENBERG *196*
⑩ RHODES COTTAGE MUSEUM *198*
⑪ DER MEILENSTEIN VON ST. JAMES *200*
⑫ KIRCHE DER HEILIGEN DREIFALTIGKEIT *202*
⑬ DAS GEZEITENSCHWIMMBAD VON DALEBROOK *204*
⑭ DIE 9-ZOLL-KANONE VON SIMON'S TOWN *206*
⑮ DER ROMAN-ROCK-LEUCHTTURM *208*
⑯ DIE LUFTSEILBAHN AM RED HILL *210*
⑰ DER ALTE UHRENTURM *212*
⑱ DAS WRACK DER *SAS PRESIDENT KRUGER* *214*
⑲ DAS GRAB VON JUST NUISANCE *216*
⑳ HERITAGE MUSEUM *218*
㉑ DER MARTELLO-TURM *220*
㉒ DER ALTE FRIEDHOF *222*
㉓ ALBATROSS ROCK *224*
㉔ DIE KANONE AM PAULSBERG *226*

MILKWOOD FOREST

Alte Wälder an den Hängen des Chapman's Peak

Noordhoek
021-789-8000
Ein Großteil der Wälder liegt auf dem Gelände des Monkey Valley Resort
Öffentlich zugänglich

Am nördlichen Ende von Long Beach, an den unteren Ausläufern des Chapman's Peak, liegt ein kleiner Milkwood-Wald (*Sideroxylon inerme*). Vorm allgegenwärtigen Southeaster relativ gut geschützt, konnten die Bäume hier eine erstaunliche Größe erreichen. Die langsam wachsende Küstenbaumart hat dichtes Blattwerk, schwarze Beeren und kleine, weiße Blüten.

Seit die Bestände im Zuge von Bauvorhaben am gesamten Kap stark geschrumpft sind, zählt der Milkwood zu den kostbaren Hölzern. Der Ursprung der Bäume von Noordhoek liegt geschätzt vor rund 2000 Jahren. Einige Exemplare sind bis zu 400 Jahre alt.

Der schönste Teil des Waldes liegt auf dem Gelände des Monkey Valley Resort, das früher ein landwirtschaftlicher Betrieb war. Der erste Eigentümer des Grundstücks, Jan Hesterman, gab dem Ort seinen Namen. Er war erst kurz zuvor aus Holland nach Afrika gekommen und mit der einheimischen Tierwelt nicht vertraut. Als er Paviane am Berg herumtollen sah, nannte er sein Land Monkey Valley („Affental").

Nach dem Umbau des Hofes zu einem Resort wurden zwischen die Bäume Gästehäuser eingesetzt. Damit diese sich gut in den Wald einfügen, kamen dabei ausschließlich natürliche Materialien zum Einsatz. Die meisten der reetgedeckten Unterkünfte stehen zudem auf Stelzen, und bei einigen von ihnen wachsen Milkwood-Bäume durch die Terrassen.

Aufgrund seines hohen Feuchtigkeitsgehalts ist der Milkwood schwer entzündlich und dient als natürliche Feuersperre und Schutz vor den berühmten *veld burnings*. Tatsächlich wurden Chapman's Peak und Noordhoek in den vergangenen Jahren von einer Reihe verheerender Brände heimgesucht. Dieser Wald jedoch blieb verschont, obwohl brennendes Laub vom oberhalb gelegenen Berg auf ihn herunterrieselte.

Der Milkwood ist ein geselliger Baum und steht nicht gerne allein. Man sagt, ein einzelner Baum überlebe nicht lange, wenn ihm seine Gefährten genommen werden. Das liegt vermutlich daran, dass der Milkwood aus unterirdisch gelegenen Wurzelstöcken wächst, die beim Fällen benachbarter Bäume oft mit beschädigt werden.

Bevor der Bauboom auch Noordhoek ereilte, zog sich der Wald bis hinunter zum Strandparkplatz, wo man sein Auto im Schatten eines Milkwood abstellen konnte. In den 1980er-Jahren kaufte ein Projektentwickler aus Johannesburg jedoch das Land auf und schickte Bulldozer zum Einebnen der Fläche. Drei Monate lang mussten bestürzte Anwohner zusehen, wie ihr Wald vor ihren Augen verschwand. Glücklicherweise wurde das Projekt gestoppt und der Rest des Waldes gerettet.

DAS WRACK DER SS *KAKAPO*

Ein legendärer Kapitän, der nach dem Schiffbruch noch drei Jahre auf seinem Wrack gelebt haben soll

Long Beach, Kommetjie
Gehen Sie vom Noordhoek-Parkplatz aus über den Noordhoek Beach nach Süden (1¼ Stunden) oder vom Strandparkplatz Wireless Road in Kommetjie nach Norden (30 Minuten). Die Reste des Wracks liegen weit oben am Strand

Die nach einer gefährdeten neuseeländischen Papageienart benannte *SS Kakapo* war ein 1093 Tonnen schwerer Segeldampfer, der 1898 im schottischen Grangemouth vom Stapel lief. Nachdem sie 1900 in den Besitz der neuseeländischen Union Steam Ship Company übergegangen war, verließ sie Großbritannien unter dem Kommando des dänischen Kapitäns Niels Nicolayson in Richtung Kapstadt.

Am 25. Mai 1900 nachmittags setzte die *SS Kakapo* nach einem Zwischenstopp im Hafen von Kapstadt, um Kohle zu laden, die Segel in Richtung Australien. Trotz eines sich ankündigenden Sturms aus nordwestlicher Richtung ließ der Kapitän sie mit neun Knoten Höchstgeschwindigkeit fahren.

Schlagregen, dichter Sprühnebel und hoher Wellengang beeinträchtigten die Sicht erheblich. Der diensthabende Offizier verwechselte Chapman's Peak mit Cape Point (also mit der Kap-Spitze) und gab den Befehl, nach Osten abzudrehen. Um 18.20 Uhr lief die *SS Kakapo* ein Stück weit nördlich der Mündung des Wildevogelvlei auf Grund. Starker Wind und hohe Wellen warfen das Schiff weit den Strand hinauf, wo es im weichen Sand liegen blieb. Zwei Besatzungsmitglieder kletterten über eine Strickleiter an Land und liefen zur Brakkloof Farm. Den alarmierten Rettungskräften gelang es, auch den Rest der Besatzung zu retten. In der Folgewoche wurden mehrere Versuche unternommen, das Schiff vom Strand zu schleppen – ohne Erfolg.

Kapitän Nicolayson beschloss, an Bord zu bleiben. Er weigerte sich, Schaulustige und Reporter zu empfangen, und kommunizierte einzig über Nachrichten, die er in eine Flasche steckte und an einem Seil über Bord beförderte, mit der Außenwelt. Er weigerte sich auch, Fragen über die Unfallursache zu beantworten, oder wen auch immer an Bord zu lassen.

Der Legende nach soll er so noch drei Jahre auf der *SS Kakapo* gelebt haben. Eine Aufnahme aus jener Zeit zeigt Rauch aus dem Schornstein des Schiffes aufsteigen, das, den um das Wrack herum entstandenen Sanddünen zufolge, schon einige Zeit dort zu liegen scheint. Anderen Quellen zufolge soll ein Landstreicher sich in dem Wrack häuslich eingerichtet haben.

Heute ragen der Kessel, das Steuerrad und ein Teil des Schiffskörpers gespenstisch aus dem Sand heraus. In dem Oscar-gekrönten Film *Ryans Tochter* von Regisseur David Lean ist das Wrack zu sehen.

DER SLANGKOP-LEUCHTTURM ③

Die höchstgelegene Laterne von Kapstadt

Lighthouse Road, Kommetjie – 021-783-1717
Täglich von 10–15 Uhr

Slangkop ist der höchste Leuchtturm an der südafrikanischen Küste. 33 Meter hoch ragt der grazile, runde Turm über den Felsen am Ufer von Kommetjie auf. An seiner Basis liegen mehrere Gebäude, die Verwaltungsräume und Dieselgeneratoren beherbergen. Die Laterne wird mittels einer drehenden elektrischen Rundumleuchte betrieben, die alle 30 Sekunden viermal blinkt und eine Reichweite von 33 Seemeilen aufweist. In dem Bau neben dem Leuchtturm befindet sich ein kleines Leuchtturmmuseum, das einen Besuch lohnt. Steigen Sie anschließend die Wendeltreppe hinauf bis zu der schönen Laterne und treten Sie, wenn es nicht zu windig ist, auf die Außenplattform hinaus. Der Blick über Kommetjie ist atemberaubend.

Der Turm wurde von der durch Sir Francis Hely-Hutchinson 1906 ins Leben gerufenen Leuchtturm-Kommission errichtet. Sir Francis hatte als Kap-Gouverneur um Vorschläge zur Steigerung der Sicherheit für die Schifffahrt vor Kapstadt gebeten. Eine der Empfehlungen der Kommission sah angesichts der vielen Schiffbrüche, die sich zwischen

der Tafelbucht und Cape Point ereigneten, den dringlichen Bau eines Leuchtturms in Slangkop vor. Schiffe, die aus Kapstadt ausliefen, verloren schon bald den Leuchtturm von Robben Island aus den Augen und mussten dann zunächst den Duiker Point umschiffen, bevor sie in Sichtweite des Cape Point Lights kamen. Zudem war Cape Point oft von dichten Wolken und Dunst umhüllt. Ein Leuchtturm in Kommetjie war die ideale Lösung. Das Licht sollte gemäß Empfehlung außerdem nahe an der Wasserlinie liegen anstatt oben auf dem Hügel, wo es aufgrund von Nebel oft nicht zu sehen sein würde.

1913 veröffentlichte W. T. Douglas, beratender Ingenieur des Hochkommissars der Union, eine Ausschreibung. Der Turm wurde aus gusseisernen Segmenten von je 500 Kilogramm gebaut und war am Ende 30 Meter hoch. Auf dem Türsturz sollte ursprünglich die Jahreszahl 1914 stehen, doch der Erste Weltkrieg durchkreuzte diese Pläne.

Am 4. März 1919 wurde der Leuchtturm schließlich in Betrieb genommen. 1936 wurde eine elektrische Lampe mit einer Leistung von vier kW installiert und die Lichtstärke damit auf 16.750.000 cd erhöht. Die heutige moderne Beleuchtungsanlage verfügt über eine etwas geringere Leistung. Angesichts der nahen Zivilisation und der schönen Küstenlage ist Slangkop ein beliebter Wohnsitz für die Familien der Leuchtturmwärter. Denn obwohl die Anlage heute voll automatisiert ist, ist sie aus Sicherheitsgründen und zum Empfang von Besuchern noch immer bemannt.

IMHOFF'S GIFT

Ein Landhaus als Geschenk für eine arbeitsame Dame

Fahren Sie auf der Kommetjie Road (M65) nach Süden in Richtung Kommetjie. Die Imhoff Farm liegt an der Ampelkreuzung (Milky Way) gegenüber der Abzweigung nach Ocean View
021-783-4545

Ein Stück abseits der Straße nach Kommetjie liegt die Imhoff Farm mit ihrem kapholländischen Gebäudekomplex. Das alte Gehöft verfügt über Schiebefenster, eine Weinpergola und ein Restaurant sowie einen Kinderbauernhof. In Ställen, Silo, Schmiede und Sklavenunterkünften haben Künstler sowie verschiedene Möbel-, Kunsthandwerks- und Lebensmittelgeschäfte Quartier bezogen.

Die Imhoff Farm blickt auf eine bewegte Geschichte zurück. In den frühen Jahren der Kapkolonie waren die in der Tafelbucht vor Anker liegenden Schiffe in den Wintermonaten schutzlos dem Nordwestwind ausgeliefert. Durch auf Grund gelaufene oder gesunkene Schiffe waren viele Opfer zu beklagen. 1741 beschlossen die Direktoren der Niederländischen Ostindien-Kompanie (VOC), dass Simon's Bay besser als Anlegeplatz zum Überwintern geeignet war. Einziger Nachteil: die Bucht liegt fernab der Stadt, sodass eine dort basierte Flotte nur schwer mit frischen Lebensmitteln zu versorgen gewesen wäre. So ordnete Baron Gustav Wilhelm van Imhoff, Sonderkommissar von Kapstadt, 1743 den Bau einer Verpflegungsstation in der Simon's Bay an. In den Tälern von Fish Hoek und Noordhoek wurde Land für den Anbau frischer Erzeugnisse urbar gemacht.

Frederick Rosseau, Hausherr von Gut Zwaansweide und wohlhabendes Mitglied des Bürgerrates, war einer der Landbesitzer, die die überwinternden Schiffe mit Lebensmitteln versorgten. Er erweiterte und verbesserte den Betrieb. Nach seinem Tod führte seine Frau Christina seine Arbeit fort. Baron van Imhoff war derart beeindruckt von Christina Rosseaus Leistungen, dass er ihr Land nahe Slangkop schenkte, das später als Imhoff's Gift (Imhoffs Geschenk) bekannt wurde.

Pierre Rocher übernahm die Farm 1815 und erweiterte sie bis über die Salzpfannen in Chapman's Bay hinaus. Ende des 19. Jahrhunderts wurde das Land geteilt und der heute als Ocean View bekannte Teil an Albert de Villiers verkauft. (Dieses Grundstück sowie ein Teil von Imhoff's Gift wurde 1966 für den Bau einer Siedlung für People of Color enteignet.) 1912 erwarb der prominente Kapstädter Geschäftsmann Johannes van der Horst die Farm, die seitdem in Familienbesitz ist.

PEERS CAVE

5

Eine von der Welt vergessene Höhle

Silvermine Nature Reserve
Table Mountain National Park
Um zu der Höhle zu gelangen, folgen Sie dem Ou-Kaapse-Weg in Richtung Fish Hoek. Fahren Sie an der Abzweigung nach Noordhoek vorbei und stellen Sie Ihr Fahrzeug dort, wo die Straße nach rechts abbiegt, links auf dem Parkplatz ab. Folgen Sie von dort aus dem schmalen Weg auf den Hügel und dann nach rechts an der Klippe entlang (Gehzeit rund 30 Minuten)
Eintritt frei

1927 stießen zwei Amateur-Naturforscher, der australische Einwanderer Victor Peers und sein Sohn Bertie, in einer Felshöhle oberhalb der Sanddünen von Fish Hoek auf Steinwerkzeug. Von John Goodwin, einem Archäologen der Universität Kapstadt, der den Standort 1925 aufgrund seiner scheinbar mangelnden Eignung aufgegeben hatte, ermuntert, begannen die Peers zu graben.

Die Grabungen in Skildergat (der Name, unter dem die Höhle damals bekannt war) erwiesen sich als schwierig und bedurften des Einsatzes von Spaten, Pickeln und sogar Dynamit. Nahe der Oberfläche befand sich ein großer Muschelhaufen, der Hinweise auf einen einstmals höheren Meeresspiegel lieferte. Weiter unten fanden die Peers die Überreste von acht menschlichen Skeletten sowie eine eiserne Speerspitze, die den Rückschluss zuließ, dass diese Menschen hier beigesetzt wurden, als Europa und das Kap bereits in Kontakt standen. Ein neuntes Skelett jedoch, das eines rund 30-jährigen Mannes, erlangte lokale Berühmtheit. Der Fish Hoek Man hatte das größte Gehirn aller bis dahin entdeckten Menschen und wurde auf ein Alter von 15.000 Jahren geschätzt. Forschungen in den 1990er-Jahren datierten das Skelett indes auf das Later Stone Age (ca. 12.000 v. Chr.).

Diese Erkenntnisse riefen so großes Interesse hervor, dass eine Zeitung 1929 berichtete, dass britische und südafrikanische Forscher „unmittelbar vom Postdampfschiff zur Höhle eilten“. Feldmarschall Smuts erklärte: „Sie verspricht, die bemerkenswerteste Höhle zu sein, die bislang in Südafrika gefunden wurde.“

Leider hat der wissenschaftliche Wert der Stätte unter den eher primitiven Ausgrabungsmethoden der Peers sowie ihren spärlichen Aufzeichnungen gelitten. Zudem wurde das Gebiet nie gesichert, sodass viele Besucher kamen und Artefakte mitnahmen oder die Wände bemalten. Letztlich wurde der Höhle ihre zu frühe Entdeckung zu einer Zeit zum Verhängnis, da die Archäologie seinerzeit in Südafrika noch nicht wissenschaftlich etabliert war. Archäologen bezeichnen die Stätte als „die von der Welt vergessene Höhle“.

Wie durch ein Wunder blieben die einzigen Felsmalereien in einem Radius von 100 Kilometern auf der Kap-Halbinsel erhalten. Oberhalb der neuzeitlichen Graffitis sind noch heute die gelben und braunen Muster aus Punkten, Linien und Handabdrücken zu sehen.

IN DER UMGEBUNG

Das Fish Hoek Museum

Dienstag–Samstag von 9.30–12.30 Uhr

Einer der drei Räume dieses kleinen Museums ist Peers Cave gewidmet und zeigt Fotografien der Ausgrabungen sowie einige Steinwerkzeuge. (Der Fish Hoek Man selbst ist im South African Museum zu sehen.)

HET POSTHUYS MUSEUM 

Die ältesten existierenden Kolonialbauten Südafrikas

Zwischen Muizenberg Station und SAPS Museum
Main Road
Muizenberg
021-788-7972

Zwischen dem Bahnhof von Muizenberg und dem SAPS Museum liegt an der Muizenberger Main Road Het Posthuys, ein einfaches Gebäude, das 1673 von der Niederländischen Ostindien-Kompanie (VOC) als Signalstation und militärischer Beobachtungsposten errichtet wurde, um die Kolonie vor Seeangriffen zu warnen. Es gilt als der älteste existierende Kolonialbau Südafrikas und ist mit Sicherheit das älteste Gebäude in False Bay.

Ab 1979 begann das Bergbauunternehmen Anglo-American gemeinsam mit Archäologen und dem Stadtplaner Dirk Visser mit seiner Sanierung. Im Zuge der Ausgrabungen kamen eine 2-Stuiver-Münze (geprägt 1680 in Holland) sowie eine Steinschlossmuskete und weitere Artefakte zum Vorschein.

Ziel der Sanierung war es, dem Posthuys sein Antlitz eines einstöckigen Wohnhauses aus dem 17. Jahrhundert wiederzugeben. Alle späteren Ergänzungen wurden entfernt, das Reetdach und der *brandzolder* (Brandschutzdecke) wiederhergestellt, Böden, Treppen und Türen erneuert, Flügelfenster und Fensterläden installiert.

Angesichts der zwischen Holland und England im ausgehenden 17. Jahrhundert herrschenden Feindseligkeiten wurde der Standort für die Errichtung eines Wachpostens über False Bay auserkoren. Das Gebäude war Teil eines größeren Komplexes. Bezüglich der Frage, ob das aktuelle Gebäude tatsächlich Teil der Originalanlage war, herrscht Uneinigkeit.

Der Standort wurde das gesamte 18. Jahrhundert hindurch militärisch genutzt. In der Schlacht von Muizenberg (1795) kassierte das Posthuys einen direkten Treffer. Die Nebengebäude wurden vermutlich damals zerstört. Während der ersten britischen Besatzung und der batavischen Herrschaft wurde der Standort weiterhin militärisch genutzt.

1814 wurden die hier stationierten Truppen abgezogen. In das Posthuys zog ein Wachtmeister über die Gefangenen ein, die in den angrenzenden Baracken inhaftiert waren und im Straßenbau arbeiteten.

In den 1840er-Jahren wurde das Gebäude als Ferienhaus vermietet. In den 1880er-Jahren mietete J. A. Stegmann aus Claremont das Haus und baute es zu seinem Feriendomizil Stegmann's Rust um.

1919 wurden die zerfallenen Baracken abgerissen, das Posthuys blieb als einziger Zeuge der militärischen Vergangenheit erhalten. Ab 1922 diente es der Union Defence Force als Kaserne. Sieben Jahre später kaufte W. Leon das Gebäude und nahm einige Veränderungen vor, bevor er es 1969 an Anglo-American verkaufte.

Seit 1980 ist Het Posthuys offiziell Nationaldenkmal und Sitz des Museums der *Muizenberg Historical Conservation Society*.

DER CUPIDO IN DER CASA LABIA 

Lapsus eines der bedeutendsten europäischen Maler des 18. Jahrhunderts

192 Main Road, Muizenberg
Dienstag–Sonntag von 10–16 Uhr; Montag geschlossen
Eintritt frei

Beiderseits der Türen zum Ballsaal der Casa Labia hängen zwei Tapisserien des berühmtesten Künstlers des französischen Rokokos, François Boucher. Bei jener auf der rechten Seite ist dem Lieblingsmaler von Madame de Pompadour ein Fehler unterlaufen.

Das Gemälde mit dem Titel *Opfer der Liebe* zeigt Cupido, der auf eine Statue seiner selbst weist. Was Boucher entgangen zu sein scheint ist, dass die Statue zwei linke Füße hat. Niemand weiß, wie es zu diesem Lapsus kommen konnte. Der Kurator der Casa Labia kann ihn sich nur so erklären, dass der Künstler von der Schönheit der Damen in Madame de Pompadours Salon abgelenkt gewesen sein muss.

Den Labias gefiel das Bild offenbar dennoch, im Nebenraum befindet sich ein handcolorierter Stich desselben, der jedoch kleiner ist, sodass nicht zu erkennen ist, ob der Fehler des Originals hier behoben wurde.

Mit ihrem Namen sorgt die Casa Labia (wie auch das Labia Cinema im Stadtzentrum) immer wieder für Gekicher (in der Medizin werden die Schamlippen als Labien bezeichnet), doch blickt das wunderschön zwischen Küste und Bergen an der Hauptstraße von Muizenberg nach Kalk Bay gelegene Gebäude auf eine noble Geschichte zurück.

Der venezianische Adlige Graf Natale Labia kam 1916 als italienischer Konsul nach Südafrika. Er heiratete Ida, Tochter des Randlords J. B. Robinson, und wurde später zum ersten Bevollmächtigten Italiens ernannt. 1930 ließen die Labias die Casa Labia als Botschaft und Familienwohnsitz als südliche Spiegelung des Palazzo Labia am venezianischen Cannaregio-Kanal errichten. Möbel, Leuchter, Spiegel, Deckenpaneele und Wandteppiche wurden ebenso aus Venedig importiert wie der Raumgestalter. Sogar eine Gondel samt Gondoliere ließ der Graf liefern, eine Idee, die sich angesichts des Wetters am Kap jedoch schnell als untauglich erwies.

Das Interieur wurde mit ausgewählten Werken der unschätzbaren Kunstsammlung der Labias dekoriert, darunter einige Arbeiten von Boucher. Als zentraler Künstler des Rokokos prägte dieser mit seinen gefühligen, pastellfarbigen Gemälden den Stil dieses Jahrhunderts maßgeblich mit. Die beiden Tapisserien der Casa Labia waren ursprünglich für die Wandteppichmanufaktur von Beauvais gedacht.

Die Kunstsammlung umfasst außerdem Arbeiten mehrerer englischer und italienischer Meister sowie Werke zeitgenössischer südafrikanischer Künstler wie Irma Stern, Garard Sekoto und John Muafangejo. Die Kunstgalerie im Obergeschoss zeigt wechselnde Ausstellungen zeitgenössischer lokaler Künstler.

DER BAHNHOF VON MUIZENBERG ⑧

Der einzige Uhrenturm der Stadt aus Teakholz

An der Main Road oberhalb des Muizenberg Beach

Mit seinem eleganten Uhrenturm ist Muizenberg Station der schönste Bahnhof an der Strecke von Kapstadt nach Simon's Town. Das große Gebäude ist das symbolische Tor nach False Bay und markiert den Anfang der wohl malerischsten Bahnstrecke Südafrikas. Der von einem Schüler von Sir Herbert Baker entworfene Bau steht mit seinen feinen Proportionen und großzügigen Innenräumen beispielhaft für die glamouröse edwardianische Baukunst.

Heute ziert der rote Backsteinbau wie vor 100 Jahren mit seinen sandsteinüberwölbten Bogeneingängen die Skyline von Muizenberg. Die Treppen und Böden sind mit Naturstein aus Elsie's Peak in Fish Hoek gepflastert, der bossierte Sandstein stammt aus Kalk Bay. Die Innenräume mit ihren hohen Decken und Holzböden befördern den Betrachter unmittelbar zurück in eine Zeit, in der Männer mit schwarzen Anzügen und Zylinder sich auf der offenen Galerie des Bahnhofs zum Tee trafen. Ebenfalls sehenswert sind die zwei Kanonen am meerseitigen Bahnsteig: ein britischer 9-Pfünder (um 1760) und ein schwedischer 24-Pfünder (um 1782).

Mit zunehmender Bedeutung Muizenbergs im 19. Jahrhundert stieg die Notwendigkeit eines eigenen Bahnhofs. Also errichtete die südafrikanische Bahngesellschaft, um dem Ruf von Muizenberg als erstes „Beach Resort" von Kapstadt – eine Art südafrikanisches Brighton – gerecht zu werden, das prächtige Steingebäude. Durch die 1883 eröffnete Bahnverbindung hatten Tausende Tagesausflügler nun Zugang zum Meer, was zuvor allein wohlhabenden Bürgern mit eigenen Pferden vorbehalten gewesen war.

Das heutige Gebäude ist nicht der Original-Bahnhof, sondern der Bau, der den einfachen Bahnhof aus den 1880er-Jahren ersetzte. Der neue Bahnhof wurde am 7. Juni 1913 durch den Transportminister Henry Burton eingeweiht. Die ursprünglichen Entwürfe zeigen einen Fahrkartenschalter, Räume für den Stationsvorsteher, den Vorarbeiter und den Gepäckträger, Gepäckaufbewahrungen, Umkleidekabinen und Toiletten.

Einige Jahre später traten aufgrund der korrosiven Wirkung der Seeluft und der starken Südostwinde steinerne Aufbauten an die Stelle der schmiedeeisernen Brüstungen. Um das Gebäude so wartungsarm wie möglich zu machen, wurde jeglicher Zierrat entfernt. In den oben gelegenen Räumen entstand eine Wohnung für den Stationsvorsteher und seine Familie.

1981 wurde der Bahnhof unter Denkmalschutz gestellt, verfiel aber dennoch zusehends. 1991 übernahm die neu gegründete SARCC (SA Rail Commuter Corporation) alle Vorstadtbahnhöfe. 1992 wurde der Bahnhof Muizenberg daraufhin umfassenden Renovierungsarbeiten unterzogen.

FAHNENMASTEN UND GEDENKTAFEL FÜR DIE SCHLACHT VON MUIZENBERG ⑨

Die erste britische Invasion am Kap

Kleiner Parkplatz gegenüber von Bailey's Cottage
Main Road, Muizenberg

Am 7. August 1795 starteten britische Kriegsschiffe einen Angriff auf die niederländischen Verteidiger von Muizenberg, die mit nur zwei Kanonen oben auf einem Hügel ausgestattet waren. Die Casa Labia, der schöne venezianische Palazzo, der heute ein Restaurant beherbergt, steht neben den Überresten des heute von Vegetation überwucherten Erdwalls, der die niederländische Geschützstellung bildete. Rund 100 Meter unterhalb des Palazzo sind an dem Berg gegenüber von Bailey's Cottage die Reste der in dem Gefecht genutzten Schützen-

gräben auszumachen. Eine Gedenktafel und zwei Fahnenmasten (hinter dem kleinen Parkplatz gegenüber von Bailey's Cottage) erinnern an die Schlacht.

Während des Angriffs feuerten vier britische Kriegsschiffe innerhalb von einer halben Stunde 800 Kanonenkugeln ab. Einige davon liegen noch heute im Berg. Zusätzlich zu dem schweren Beschuss näherten sich in Simon's Town an Land gegangene britische Soldaten und Matrosen von Süden her über die heutige Main Road dem niederländischen Posten.

Die Niederländer waren nicht auf einen Angriff durch die Marine vorbereitet und zogen ihre zwei 24-Pfünder auf die Straße. Keiner der niederländischen Verteidiger wurde durch das britische Kanonenfeuer verletzt, also richteten sie ihre 24-Pfünder hastig auf die Schiffe. Ein Glückstreffer zerstörte eine Kanone an Bord der *HMS America* und tötete fünf Besatzungsmitglieder. Doch der Posten der Niederländer war unsicher, sodass sie sich schon bald ins Landesinnere zurückzogen.

Die Kämpfe dauerten den ganzen Monat über an. Am 14. September traf aufseiten der Briten Verstärkung ein, und rund 5000 Männer verließen Muizenberg in Richtung Kapstadt. Mit der Kapitulation der Niederländer begann die erste britische Besatzung.

Mangelhafte Kommunikation

Die Hintergründe der Schlacht sind in der Lage in Europa zu finden. Kapstadt befand sich als Verpflegungsstation der Handelsflotte der Niederländischen Ostindien-Kompanie (VOC) in niederländischer Hand. Nach Stand des Kommandanten vor Ort waren Holland und Großbritannien noch immer Verbündete im Krieg gegen Frankreich, sodass er immer britische Kriegsschiffe begrüßte. Was General Abraham Sluysken nicht wusste, war, dass Holland von Napoleon erobert worden war, wodurch alle niederländischen Kolonien nun zu Frankreich gehörten. Der britische Admiral George Elphinstone machte sich die mangelhafte Kommunikation zunutze und ließ den Umstand, dass Holland und Großbritannien nun Kontrahenten waren, unter den Tisch fallen, damit die Niederländer ihnen weiterhin wohlgesonnen waren – bis sie angegriffen wurden.

RHODES COTTAGE MUSEUM 

Totenbett eines Reichsgründers

246 Main Road, Muizenberg
021-788-1816 (es empfiehlt sich, anzurufen, um sicherzustellen, dass das Museum geöffnet ist)
Eintritt frei, Spenden willkommen

Cecil John Rhodes (1853–1902) starb in dem Raum, der gleich nach dem Betreten des Cottage Museum zur Linken liegt. Es ist ein bescheidenes Zimmer mit einem schmalen Eisenbett, das man kaum als Totenbett eines der reichsten und mächtigsten Männer der Welt vermuten würde. An der Wand hängt eine alte Karte von Rhodesien, dem Land, das nach ihm benannt wurde, über dem Kamin ein ernstes Porträt des Mannes.

In seinen letzten Lebenstagen war es extrem heiß, sodass in die Wand (dort, wo heute die Karte hängt) ein Loch geschlagen wurde, um Rhodes das Atmen zu erleichtern. In den anderen Räumen des Hauses sind Exponate zu sehen, die Rhodes' Leben nachzeichnen, Fotografien, Zeitungsausschnitte und Karikaturen. Rhodes war ein umstrittener britischer Imperialist, Geschäftsmann, Bergbaumagnat, Politiker und Premierminister der Kapkolonie sowie Mitbegründer des Diamantenproduzenten De Beers. Er war zudem ein glühender Verfechter des britischen Imperialismus und nutzte seinen Einfluss, um das Gebiet nördlich des Limpopo zu kolonisieren, das später den Namen Rhodesien erhielt.

1899 kaufte Rhodes dieses einfache Cottage in Muizenberg mit seinen drei Zimmern und seinem hübschen Garten sowie einem kleineren Nebengebäude für sein Personal. Mit seiner Gesundheit stand es nicht zum Besten, weshalb er die Nähe zur frischen Seeluft suchte. Das kleine Cottage war Rhodes' Refugium. Hier hielt er sich lieber auf als in seiner Residenz Groote Schuur in Rondebosch oder andernorts. Rhodes liebte es schlicht, was sich auch in der kargen Einrichtung wie dem langen Konferenztisch aus dem Sitzungszimmer von De Beers oder der Holztruhe zeigt, in der er einst all sein Hab und Gut aus England nach Südafrika gebracht hatte.

Hier im Cottage verbrachte er seine letzten Tage, bevor er im jungen Alter von 48 Jahren an Herzversagen starb. Er wurde an einem von ihm gewählten Ort im Matopo-Gebirge im heutigen Simbabwe beigesetzt. In einem der hinteren Räume des Hauses ist ein Diorama seiner Grabstätte zu sehen.

Nach seinem Tod verblieb das Cottage im Besitz von Rhodes' Treuhändern, bevor es 1932 per Schenkung an die nordrhodesische Regierung überging. 1937 ging es unter der Bedingung, es als Gedenkstätte zu Ehren von Rhodes zu erhalten, an die Stadt Kapstadt über. Im Jahr darauf wurde es zum Nationaldenkmal erklärt.

DER MEILENSTEIN VON ST. JAMES ⑪

Zeugnis der Geschichte von Straßenbau und Transportwesen im 19. Jahrhundert

Gegenüber 30 Main Road, nahe der Ecke Braemar Road, St. James (Milestone XVI: St. James auf Google Maps)

Aufseiten des Ozeans steht an der Old Wagon Road (der heutigen Main Road) von Kapstadt nach Simon's Town ein dunkelgrauer Stein am Straßenrand. Darauf deutlich lesbar „XVI miles from The Town House" (also 16 Meilen vom alten Rathaus am Greenmarket Square). Dieser sogenannte Saint James Milestone stammt aus dem

19. Jahrhundert und ist einer von 24 Meilensteinen, die in den Jahren 1814/15 unter Gouverneur Lord Charles Somerset an der Hauptstraße von Kapstadt nach Simon's Town aufgestellt wurden. In England waren Meilensteine bereits seit mehreren Jahrzehnten üblich.

Sie dienten dazu, den Straßenrand zu markieren und um, zur Berechnung von Fahrzeiten und -preisen für den Personentransport und die Post, Entfernungen akkurat zu messen. Den Menschen dienten sie als Treffpunkte und Adressen für in der Nähe dieser Meilensteine gelegene Häuser. Als Material wurde Malmsbury-Schiefer von Robben Island genutzt.

Die Straße wurde Mitte des 18. Jahrhunderts als Sandpiste angelegt, als Schiffe im Winter in der besser geschützten Bucht von Simon's Town anlegten und Waren von und nach Kapstadt transportiert werden mussten, was mit Pferden und Wagen fast einen ganzen Tag dauerte. Lange Zeit fehlten schlicht die Mittel für den Ausbau der Straße – bis 1807, während der zweiten britischen Besetzung, Louis Thibault den Auftrag erhielt, sie zu inspizieren und Empfehlungen für Instandsetzungen abzugeben. Zur Finanzierung des Vorhabens verkaufte die Regierung Grundstücke entlang der Straße, ein Angebot, das schon bald von immer mehr Städtern angenommen wurde.

Die Investition in den Ausbau der Straße erwies sich als lohnend und nach 1814 mit der dauerhaften Verlegung der Marine nach Simon's Town als entscheidend.

Heute dauert die Fahrt von Kapstadt nach Simon's Town rund eine Stunde. Früher brauchten Reisende für dieselbe Strecke gut und gerne bis zu zwei Tage.

Andere bis heute erhaltene Meilensteine

Wie der Name sagt, wurden die Meilensteine vom alten Townhouse am Greenmarket Square über eine Strecke von 24 Meilen im Abstand von einer Meile am Straßenrand aufgestellt. Einige sind verschwunden, andere bis heute vorhanden: Rondebosch (5 Meilen), Kenilworth (7 Meilen), Wynberg (8 Meilen), Plumstead (9 Meilen) Tokai (12 Meilen), Kirstenhof (13 Meilen), Lakeside (15 Meilen), Kalk Bay (17 Meilen; hier handelt es sich um eine Nachbildung) und Fishhoek (19 Meilen).

KIRCHE DER HEILIGEN DREIFALTIGKEIT

12

Die schönste Kirche der False Bay

42 Main Road – Kalk Bay
021-788-1641

Mit ihrem steilen Reetdach und den feinen Sandsteinmauern ist die Kirche der Heiligen Dreifaltigkeit (Holy Trinity) eine malerische Kultstätte mit Meerblick, gelegen auf einem ruhigen Grundstück etwas abseits der geschäftigen Main Road von Kalk Bay. Bei ihrer Einweihung beschrieb *The Church News* sie als „die perfekteste Kirche in der Diözese".

Holy Trinity (1873/74) ist ein Musterbeispiel der Kirchenarchitektur um die Mitte des Viktorianischen Zeitalters. In den rund 150 Jahren seit ihrem Bau wurde nur wenig verändert. Die Kirche wurde von John Gainsford aus Newlands erbaut und von drei namhaften Frauen aus Kalk Bay gestiftet, den Schwestern Harriet und Charlotte Humphreys sowie Alice Pocklington. Gemeinsam brachten sie 1.500 Pfund für das Gebäude und das Interieur auf.

Für die Entwürfe zeichnete der Londoner Architekt Henry Woodyer verantwortlich, der zuvor bereits viele Kirchen in England entworfen hatte, von denen die Humphreys-Schwestern einige aus eigener Anschauung kannten. Der ockerfarbige Sandstein, der beim Bau von Holy Trinity Verwendung fand, stammte aus Steinbrüchen in St. James und Fish Hoek und war eine Spende des ortsansässigen Hoteliers und Busunternehmers Thomas Cutting. Das überdachte Eingangstor zum Friedhof war das erste seiner Art in Südafrika. Charlotte Humphreys kaufte auch das Ferienhaus von Bischof Gray auf der Südseite des Grundstücks und überließ es der Gemeinde zur Nutzung als Pfarrhaus. 1919 wurde in der Nähe des Kircheneingangs eine Gedenktafel zur Erinnerung an die drei Stifterinnen aufgestellt, die 1877 nach England zurückgekehrt waren.

Im Inneren befindet sich ein großes Marmor-Taufbecken, das der Geschäftsmann George John Nicholls im Gedenken an seine beiden Töchter Emma und Madeline stiftete, die 1874 am Danger Beach ertrunken waren. Seitlich sind in dieses die Symbole der Passion Jesu sowie der vier Evangelisten eingearbeitet.

Die schönen Glasfenster im Langhaus stammen von James Powell and Sons aus Whitefriars (London). Die Chorschranke aus Teakholz ist ein weiteres Denkmal für die ertrunkenen Schwestern. Die Keramikfliesen im Altarraum sowie das Retabel aus Marmor- und Majolikakacheln und Mosaiken sind das Werk der Firma Herbert Minton in Stoke-on-Trent im englischen Keramikdistrikt.

Die außerordentliche Harmonie des gesamten Innenraumes dürfte dem Umstand geschuldet sein, dass Woodyer diesen seinerzeit weitgehend höchstpersönlich gestaltete.

DAS GEZEITENSCHWIMMBAD VON DALEBROOK

⑬

Ein schönes, kaum bekanntes Gezeitenschwimmbad

Gegenüber Dalebrook Café, 20 Main Road, Kalk Bay

Aus Richtung Muizenberg kommend steht gleich hinter St. James in Richtung Kalk Bay hoch oben eine Bank, die einen wunderbaren Ausblick über das Meer bietet. Neben dieser Bank führt eine schmale Treppe in einen kurzen Tunnel und unter der Bahnlinie hindurch. Wenige Schritte weiter ist der Dalebrook Tidal Pool erreicht, das erste Gezeitenschwimmbad im Küstenabschnitt zwischen Muizenberg und Kalk Bay.

Von der Straße aus ist der Dalebrook Tidal Pool kaum zu sehen, weshalb das Schwimmbad weitaus weniger bekannt ist als das von St. James (mit den Strandhütten). Der alleinstehende Gezeitenpool ist mit seinem etwas altmodischen Charme eher wenig besucht und bietet umgeben von Felsen einen schönen Blick auf Simon's Town in der Ferne.

Das Dalebrook Gezeitenschwimmbad wurde 1903 von der Gemeinde Kalk Bay-Muizenberg ohne Genehmigung auf eigene Faust gebaut. Die Meinungen darüber, ob es von einem gewissen Mr. Steer aus dem Douglas Cottage allein oder gemeinsam mit anderen Anwohnern finanziert wurde, gehen auseinander. Zunächst wurde auf der Seite von Muizenberg eine Ufermauer errichtet. Als es an die andere Seite ging, war kein Geld mehr da, sodass das Becken unvollendet blieb. (Mr. Steer machte die Gemeinde für die gestiegenen Kosten zur Erfüllung der öffentlichen Vorgaben verantwortlich.)

Drei Jahre und viele Beschwerden verärgerter Anwohner über einen halbfertigen Pool später, willigte die Gemeinde ein, die westliche Mauer fertigzustellen. 1907 wurde das Gezeitenschwimmbad von Dalebrook schließlich eröffnet. Das kleine Becken erfreute sich großer Beliebtheit und wurde in den 1960er-Jahren auf die heutige Größe erweitert.

Viele Jahre lang übernahm die Stadt Kapstadt die Reinigung der Gezeitenschwimmbäder, ließ das Wasser ablaufen, kratzte Seetang und Algen von den Wänden und behandelte sie mit einer Mischung verschiedener Chemikalien. Da die Becken jedoch auch Sammelbecken für Fische, Oktopusse und auffällige violette Nacktkiemer sind, fand sich 2017 eine Gruppe von Meeresliebhabern zusammen, um eine chemikalienfreie Lösung zur Reinigung der Becken zu finden.

Finanziert durch Crowdfunding kam das Becken von Dalebrook als erstes in den Genuss der neuen Reinigungsmethode, bei der die Algen mit dem Hochdruckreiniger und Salzwasser von den Wänden entfernt werden und kein Einsatz von Frischwasser oder Chemikalien mehr erforderlich ist.

Heute werden die Becken alle 28 Tage gereinigt, jeweils im Zuge einer Springflut, da die Oberseiten der Mauern dann sehr viel weniger rutschig sind.

Aufgrund des Erfolgs dieses Projekts werden alle öffentlichen Gezeitenschwimmbäder von Kapstadt heute mit dieser umweltfreundlichen Methode gereinigt.

DIE 9-ZOLL-KANONE VON SIMON'S TOWN

(14)

Ein Artilleriegeschütz aus dem 19. Jahrhundert

Middle North Battery – ein Kilometer nördlich des Bahnhofs von Simon's Town (folgen Sie der kleinen, unbeschilderten Straße, die gegenüber der Lower North Battery von der Main Road den Hügel hinaufführt)

Die 9-Zoll-Kanone im Norden des Bahnhofs von Simon's Town wurde Mitte des 19. Jahrhunderts für Panzerschiffe sowie zur Verteidigung von Hafenanlagen und Küstenabschnitten entwickelt. Das Geschütz wurde 1865 als 22. von insgesamt 190 Exemplaren gleicher Bauart als Vorderlader gefertigt. Durch das Rohr ziehen sich sechs Rillen. Die 9-Zoll-Geschosse ihrerseits waren mit sechs rechteckigen Bleizapfen versehen, die sich in die Rillen einfügten und das Geschoss für mehr Flugstabilität in Drehung versetzten.

Das Rohr der auf einem stählernen Schlitten gelagerten Kanone besteht aus Gussstahl, der Verschluss aus Schmiedeeisen. Das Geschütz wiegt 12,5 Tonnen und kann ein 116 Kilogramm schweres Geschoss mit einer Geschwindigkeit von 439 Metern pro Sekunde bis zu 5,5 Kilometer weit feuern.

Die Kanone war zunächst bis 1878 im kanadischen Halifax (Nova Scotia) im Einsatz, später auf den Bermudas (bis 1881) und schließlich im englischen Sheerness (bis 1885). 1896 wurde sie nach Kapstadt verlagert und in die Middle North Battery integriert. Die dortigen Festungsanlagen waren vier Jahre zuvor zur Verteidigung des nahen Marinestützpunkts errichtet worden. Die Kanone wurde letztmalig am 27. April 1903 abgefeuert. Am 19. September 1906 wurde sie außer Dienst gestellt.

1984 wurde die gesamte Kanone im East Dockyard Gun Shop in Simon's Town restauriert. Trotz einiger von Metalldieben entwendeter Teile befindet sie sich in hervorragendem Zustand. Heute liegt die Kanone in der Obhut von Warrant Officer Harry Croome, Mitglied der *Cannon Association of South Africa* (*CAOSA*), der sich in seiner Freizeit darum kümmert, sie in Schuss zu halten.

Am 16. März 2011 wurde die Kanone zum ersten Mal seit 108 Jahren abgefeuert. Seitdem wird sie von der südafrikanischen Marine sowie der *CAOSA* regelmäßig zu bestimmten Feiertagen abgefeuert, für gewöhnlich zehnmal pro Jahr: dreimal im Rahmen des SA Navy Festival im März, am 27. April (Freedom Day), am 16. Juni (Youth Day), am 24. September (Heritage Day), am 11. November (Remembrance Day), am 16. Dezember (Day of Reconciliation) und am 31. Dezember (Silvester).

Die 9-Zoll-Kanonen der Scala Battery

Weiter oben am Hügel, oberhalb von Middle North, stehen die drei deutlich größeren, in Tarnmuster gestrichenen 9-Zoll-Kanonen der Scala Battery. Sie sind jüngeren Datums und kamen in den Weltkriegen zum Einsatz.

DER ROMAN-ROCK-LEUCHTTURM ⑮

Der einzige Leuchtturm Südafrikas, der bei Flut im Wasser steht

Rund einen Kilometer vor der Kaimauer des Marinehafens von Simon's Town

Dieser Leuchtturm steht exponiert auf einem vorgelagerten Felsen in der False Bay, dem Roman Rock, der jahrhundertelang eine große Gefahr für Schiffe darstellte, die Simon's Bay ansteuerten. Roman Rock ist der einzige Leuchtturm Südafrikas, der bei Flut völlig von Wasser umspült wird. Die Entwürfe für den Turm, der das Feuerschiff ersetzen sollte, das Mitte des 19. Jahrhunderts neben dem Felsen vor Anker lag, gehen auf Alexander Gordon von der British Lighthouse Authority zurück. Die gusseisernen Teile wurden vorgefertigt und vor Ort verschraubt, der unterste Ring am Fels befestigt.

1857 brachte die Royal Saxon den Lichtmechanismus nach Simon's Town. Aufgrund starker Winde und schwerer See konnte in den vier Jahren Bauzeit nur an 96 Tagen am Turm gearbeitet werden.

Der erste Lichtmechanismus hatte eine Brennebene von 16,5 Metern über dem Wasserhöchststand und eine Reichweite von 12 Seemei-

len. Zwei Leuchtturmwärter waren rund um die Uhr im Einsatz und wurden, wenn die Witterung es erlaubte, alle sieben Tage abgelöst. Am Ufer stand zur Sicherheit ein Bereitschaftsteam parat. Die Lebensbedingungen in dem beengten Turm, in dem neben Schlafstätten für die Wärter Öl, Wasser und andere Vorräte gelagert wurden, waren hart.

Für ihre einsame Tätigkeit erhielten die Wärter das höchste im Leuchtturmdienst mögliche Gehalt. Zum Zeitvertreib angelten viele von ihnen, wenngleich es einiges an Können erforderte, gegen den starken Southeaster einen Fang einzuholen.

1914 wurde der Mechanismus modernisiert, sodass der Turm nicht länger bemannt sein musste. Die Laterne wurde fortan mit Acetylengas aus Zylindern betrieben, die alle paar Monate ausgetauscht wurden.

1992 beantragte die South African Navy die Elektrifizierung des Leuchtturms, da dieser längst von der hellen Uferbeleuchtung in der False Bay überstrahlt wurde. Also wurde ein Unterwasserkabel vom Ufer bis zum Leuchtturm gelegt, der zudem mit einem Dieselmotor und einer Photovoltaikanlage ausgestattet wurde. Die alte Kuppel wurde durch eine neue Kuppel mit Faseroptik ersetzt, die mit einem Sikorsky-861-Hubschrauber auf dem Luftweg zum Roman Rock befördert wurde.

DIE LUFTSEILBAHN AM RED HILL 

Die erste Personenseilbahn von Südafrika

Simon's Town
Der beste Aussichtspunkt befindet sich an der St. George's Street am Eingang zum South African Naval Museum (Schifffahrtsmuseum)

Die Reihe grauer, pyramidenförmiger Aufbauten, die vom Stadtzentrum von Simon's Town hinauf auf den Red Hill führen, sind alles, was von der alten Luftseilbahn, die hier einst verkehrte, noch übrig ist. Die Seilbahn wurde Anfang des 20. Jahrhunderts als Verbindung zum neuen Krankenhaus und Sanatorium der Royal Navy auf dem Red Hill gebaut, nachdem der diensthabende Offizier des Marinestützpunkts dies als den besten Weg empfohlen hatte, Patienten aus der Stadt auf den Hügel zu transportieren. In seiner Begründung schreibt er: „Die Vorteile eines solchen Vorgehens liegen auf der Hand: keine Verkehrsbehinderungen, eine geringere Infektionsgefahr für die Bevölkerung durch den Transport ansteckender Patienten ins Krankenhaus und keine Abnutzung der Straße hinauf zum Krankenhaus."

1902 waren die Pläne für die erste Personenseilbahn von Südafrika fertig. (Die einzige andere Seilbahn zu damaliger Zeit wurde zum Transport von Material für den Bau des Trockendocks von Simon's Town genutzt.) Die Arbeiten begannen mit der Errichtung von Seilstützen aus geteertem Holz. Links und rechts der Strecke wurde auf einer Breite von je 13 Metern eine Schneise in die Vegetation geschlagen. Im Mai 1903 stand eine vorläufige Seilbahn für den Materialtransport zur Bergstation. Anfang 1904 war die Bahn fast fertig. Die Talstation befand sich in West Dockyard, ganz in der Nähe des heutigen Schifffahrtsmuseums. Die Bergstation lag auf dem Grundstück des Sanatoriums.

Es gab zwei hölzerne Kabinen: eine für die Beförderung von Patienten und Mitarbeitern, eine für Vorräte und Kohle. Die Türen waren breit genug für eine Krankentrage. Innen befanden sich ein Sitzplatz und ein elektrischer Steuerkasten. Die Kabinen waren so konstruiert, dass sie immer waagerecht in der Luft lagen, mit Schwerpunkt unter der Aufhängung der zwei auf dem Seil aufliegenden Führungsräder.

Angesichts wiederkehrender Buschfeuer wurden die Holzstützen der Luftseilbahn 1913 durch die heutigen Stahlaufbauten ersetzt. Aufgrund von Budgetkürzungen und mangelnder Effizienz wurde der Betrieb 1927 eingestellt. Die Seile wurden 1934 entfernt und die Kabinen als Bauholz genutzt. Der Warteraum an der Talstation kann heute als Teil der Sammlung des Schifffahrtsmuseums besichtigt werden.

DER ALTE UHRENTURM

Eine Londoner Turmuhr in einem südafrikanischen Arsenal

SA Naval Museum – West Dockyard – Simon's Town
Eingang über die St. George's Street – 021-787-4686/4635 (Eintritt frei)
Täglich von 9–15.30 Uhr, an Karfreitag, Weihnachten und Neujahr geschlossen

Das alte Masthaus der Royal Navy beherbergt heute das südafrikanische Schifffahrtsmuseum. Es ist ein schönes Gebäude mit einem eleganten Uhrenturm. Was nur wenige Museumsbesucher wissen, ist, dass man über eine Treppe bis unter das Dach den Turm hinaufsteigen kann, wo die Namen britischer Schiffe, die in Simon's Town Halt machten, die Balken zieren – *HMS Penelope* (1868), *HMS Blonde* (1889) und

HMS Barrosa (1889). 1743 richteten die Niederländer in Simon's Town einen Marinestützpunkt ein. Während der zweiten britischen Besatzung von Kapstadt (ab 1806) lag die Royal Navy hier auch über Winter vor Anker. Als die Marine ihre Uferanlagen 1814 komplett von Kapstadt nach Simon's Town verlagerte, wurde mit dem Bau eines hübschen Masthauses begonnen. Dieses wurde im folgenden Jahr fertiggestellt. Das Erdgeschoss wurde als Lager und zur Reparatur von Booten, Masten und Spieren genutzt. Im Obergeschoss befand sich eine Segelmacherwerkstatt. Das Masthaus umfasste eine Reihe miteinander verbundener, zweistöckiger Werkshallen, auf denen ein Uhrenturm thronte. Die Form des Gebäudes war durch die Länge der bis zu 36 Meter langen Masten vorgegeben. In seiner langen Geschichte fand das Masthaus auch als anglikanische Kapelle, Museum und, vor allem während des Ersten Weltkriegs, als Matrosenunterkunft Verwendung.

Die Geschichte der Uhr lohnt ebenfalls einen näheren Blick. In einem Bericht aus dem Jahr 1811 forderte der stellvertretende Finanzverwalter von Simon's Town, Johannes Hendricus Brand, die Aufstellung einer Sonnenuhr in der Nähe des Stützpunkts. Diese Empfehlung mündete schließlich in den Einbau einer Uhr im Turm des Masthauses. Die Uhr wurde von der 1740 gegründeten Londoner Uhrenwerkstatt Thwaites & Reed gefertigt. Die Glocken stammen aus dem Jahr 1816. Die Uhr umfasst drei Mechanismen, die verschiedenes Geläut auslösen: Gong, Schlag und Glocke. Jeder Mechanismus wird durch ein eigenes, von Hand aufgezogenes Gewicht angetrieben, von denen das schwerste rund 180 Kilogramm wiegt. Die historische Uhr ist eine der ältesten öffentlichen Uhren von Südafrika, gibt auch nach zwei Jahrhunderten noch immer zuverlässig die Zeit an und legt so Zeugnis ab über die Hingabe, mit der sie über Generationen gehegt und gepflegt wurde.

DAS WRACK DER *SAS PRESIDENT KRUGER* ⑱

Bruchstücke eines dem Untergang geweihten Schiffs

Hof des South African Naval Museum
Naval Dockyard
Simon's Town
Eingang über die St. George's Street gegenüber Arsenal Way
021-787-4686/4635
Täglich von 9–15.30 Uhr, an Karfreitag, Weihnachten und Neujahr geschlossen
Eintritt frei

Die *SAS President Kruger* war eine Fregatte, die im Südatlantik nach einer Kollision mit ihrem Versorgungsschiff, der *SAS Tafelberg*, sank. Der tragische Zusammenstoß ereignete sich am 18. Februar 1982 rund 78 Seemeilen südwestlich von Cape Point. 16 Menschen starben. Bei dem starken Aufprall wurde ein Teil der Bordwand der *President Kruger* herausgerissen und blieb im mächtigen Stahlbug der *Tafelberg* stecken. Die beiden ineinander verkeilten Metallteile wurden im Zuge der Reparatur der *Tafelberg* voneinander gelöst und sind heute im Schifffahrtsmuseum zu sehen.

Die *SAS President Kruger* war eine von drei Fregatten der Präsidentenklasse, die die südafrikanische Marine in den 1960er-Jahren aus Großbritannien erhielt. Zum Zeitpunkt der Kollision war die *Kruger* mit ihrem Schwesterschiff, der *SAS President Pretorius*, dem U-Boot *SAS Emily Hobhouse* und der *SAS Tafelberg* auf Übung. Ziel des mehrtägigen Manövers war die Ausbildung von U-Boot-Kapitänen durch Simulation eines Angriffs auf die *Tafelberg*. In der Nacht wurde die Übung zurückgefahren – die Schiffe fuhren im Zickzack und das U-Boot versuchte, sie zu jagen –, damit ein Großteil der Besatzung schlafen konnte.

Gegen 4 Uhr morgens erhielt die Formation den Befehl, den Kurs zu ändern, wobei die Fregatten stets als Schutz vor der *Tafelberg* verbleiben mussten. Nach Ausführung des halben Wendemanövers verlor die Brücke der *Kruger* den Radarkontakt zur *Tafelberg*. Während der Wachoffizier (OOW) und der Hauptkriegsoffizier (PWO) über das Manöver in Streit gerieten, schlitzte der Bug der Tafelberg die Bordwand der *President Kruger* auf. In einer dramatischen Rettungsaktion der beiden anderen Schiffe konnten 177 der 193 Besatzungsmitglieder der *Kruger* aus dem eisigen Wasser gerettet werden.

Eine Untersuchungskommission kam zu dem Schluss, dass mangelnde Seemannskunst des Kapitäns und der Offiziere des Schiffs ursächlich für das Unglück war. Eine spätere Untersuchung sprach dem Kapitän und dem PWO die Schuld zu. Zu einer Anklage vor einem Militärgericht kam es jedoch nie. Aufgrund eines internationalen Waffenembargos gegen das damalige Apartheid-Regime konnte die *President Kruger* nicht ersetzt werden. Ihr Verlust war ein schwerer Schlag für die südafrikanische Marine.

DAS GRAB VON JUST NUISANCE ⑲

Kapstadts beliebtester Hund

Mit dem Auto von Simon's Town über Red Hill auf der Red Hill Road (M66), am Schild „Just Nuisance Grave 1.4 km" links abbiegen

Der einzige Hund, der je offiziell bei der Royal Navy gemeldet war, war Just Nuisance („Nichts als Ärger"), eine Deutsche Dogge, die im Zweiten Weltkrieg auf der *HMS Afrikander*, einem Rendel-Kanonenboot aus Simon's Town, diente. Sein Grab liegt inmitten von Fynbos und Sandsteinfelsen in einer ruhigen Ecke der früheren Fernmeldeschule der südafrikanischen Marine. Auf dem Granit-Grabstein steht geschrieben: „Deutsche Dogge Just Nuisance, Vollmatrose der RN, HMS Afrikander, 1940–44, gest. am 1. April 1944 im Alter von 7 Jahren."

Nuisance war der Hund von Benjamin Chaney, Leiter des United Services Institute in Simon's Town und absoluter Liebling der gesamten Basis. Immer wieder fand sich jemand, der ihm ein Leckerli gab oder mit ihm Gassi ging. Zurück auf der Basis fand er stets ein Plätzchen an Deck eines der vor Anker liegenden Schiffe. Am liebsten machte er es sich aber oben auf der Landungsbrücke gemütlich. Aufgrund seiner selbst für eine Dogge beträchtlichen Größe stellte er ein echtes Hindernis dar und wurde daher allseits liebevoll Nuisance – Quälgeist – genannt.

Nach und nach begann der Hund, Matrosen im Zug nach Kapstadt zu begleiten. Trotz deren Versuche, ihn zu verstecken, wurde er immer wieder aus dem Zug geworfen. Schließlich drohte die Eisenbahngesellschaft sogar, ihn einzuschläfern, falls er weiterhin mit dem Zug fahren sollte.

Die Nachricht, dass Nuisance in ernsten Schwierigkeiten steckte, veranlasste Matrosen und Einheimische, die Navy um Hilfe anzurufen. Diese beschloss schließlich, den Hund offiziell zum Matrosen zu ernennen. Als Mitglied der Streitkräfte durfte Nuisance fortan alle Züge frei nutzen. In den folgenden Jahren erwies er sich als wichtige moralische Stütze für die Militärangehörigen von Simon's Town.

In seinen Dienstpapieren wurde als Nachname „Nuisance" und als Vorname „Just" vermerkt. Als Dienstgrad war „Knochenbrecher", als Religionszugehörigkeit „Schmarotzer" vermerkt, was später in „Liga der Hundegottheit" (Anti-Vivisektion) geändert wurde. Mit Blick auf größere Essensrationen und als Anerkennung für seine lange Dienstzeit wurde der Hund später vom Leichtmatrosen zum Vollmatrosen ernannt.

Nach seinem Tod wurde Just Nuisance in Klaver Camp, eingehüllt in die weiße Flagge der Royal Navy, mit militärischen Ehren und Salutschuss zu den Klängen von *The Last Post* beigesetzt.

HERITAGE MUSEUM

Die Geschichte der Zwangsumsiedlungen zu Zeiten der Apartheid

Amlay House, King George's Way – Simon's Town
021-786-2302 oder 082-257-5975
Sonntag von 10–16 Uhr sowie nach Vereinbarung

Das Heritage Museum an der St. George's Street im Herzen von Simon's Town ist eine der eindrucksvollsten Institutionen von Kapstadt.

Das Museum ist im Haus der Familie Amlay untergebracht, das diese 1858 errichten ließ, später jedoch verlassen musste, als die Stadt zu einer *white area*, einem „weißen Gebiet" erklärt wurde. 1967 erließ die nationalistische Regierung den menschenverachtenden Group Areas Act. Die Amlays zählten 1975 zu den letzten Einwohnern, die zwangsumgesiedelt wurden, und waren 1995 unter den ersten, die nach Simon's Town zurückkehrten. Das Heritage Museum wurde zum Gedenken an die lange muslimische Tradition der Stadt gegründet, die 1743 mit der Ernennung von Simon's Town als offizieller Winter-Anlegeplatz begann und mit der Zwangsumsiedlung von mehr als 7000 People of Color unter der Apartheid endete.

Zu sehen sind viele alte Fotografien und Familienstammbäume, ein traditionelles Hochzeitszimmer, alte Manuskripte, ein traditioneller Teetisch und Kochutensilien. Andere Exponate beleuchten verschiedene Aspekte der islamischen Kultur am Kap wie *karamats* (muslimische Heiligtümer, s. S. 172), religiöse Artefakte und einen Pilgerraum, in dem die typische Kleidung für den Haddsch gezeigt wird. Ein Teil der Ausstellung ist den Zwangsumsiedlungen gewidmet und verdeutlicht, welches Trauma dieses dunkle Kapitel der südafrikanischen Geschichte bei den Betroffenen hinterließ.

Zu jener Zeit befand sich Amlay House im Besitz von Stadtrat D. A. Amlay. Als nach Ende der Apartheid ein Restitutionsprogramm aufgelegt wurde, reichte Amlays Tochter Zainab (Patty) Davidson einen Antrag auf Rückgabe ihres Familienbesitzes in Simon's Town ein. Zu ihrer großen Überraschung erhielt sie, während ihr Antrag noch in Bearbeitung war, einen Anruf des Bauministeriums. Man sagte ihr, dass die Navy aus ihrem Elternhaus ausgezogen sei und sie dieses bis zur Beschlussfassung für einen symbolischen Preis anmieten könne. Mit sieben Zimmern war das Haus für Patty und ihren Mann allein zu groß. So entstand die Idee, ein Museum einzurichten, das 1998 eröffnet wurde. Familien, Freunde und Mitglieder ihrer Gemeinschaft stellten Fotografien, Zeitungsausschnitte und mündlich überlieferte Geschichten zur Verfügung und trugen damit zum Entstehen dieses so wichtigen Gedenk- und Erinnerungsortes bei.

DER MARTELLO-TURM

Eine Festung nach korsischer Bauart

East Naval Dockyard
Simon's Town
021-787-4686/4635
Anfragen zur Besichtigung des Turms während der Öffnungszeiten an das SA Naval Museum (Warrant Officer Croome)

Der schön sanierte Martello-Turm im Zentrum des Marinestützpunkts wurde zu einer Zeit errichtet, da die Briten das Kap gegen französische Angriffe verteidigen mussten. Im Erdgeschoss des runden Steinturms befindet sich eine Kanonenöffnung, im oberen Stockwerk ein Wohnraum für die Wachen. Die Mauern sind knapp zwei Meter dick und weisen drei große, nach Westen gerichtete Schießscharten auf.

Nachdem sie Kapstadt im September 1795 besetzt hatten, wollten die Briten die Franzosen daran hindern, es ihnen gleich zu tun. Generalmajor James Craig befahl seinen Besatzungstruppen, die Verteidi-

gungsanlagen in der Simon's Bay aufzurüsten. Er ordnete den Bau eines großen Pulvermagazins neben den südlichen Hafengeschützen an. Um dieses Magazin sowie die Rückseite der Stellung zu schützen, ließ er Anfang 1796 einen Martello-Turm errichten.

Die Geschichte der Martello-Türme

Während der Blockade des Hafens von Toulon zu Zeiten der Napoleonischen Kriege benötigte die britische Flotte einen sicheren Ankerplatz in der Nähe. Am 8. Februar 1794 attackierten zwei britische Schiffe, die *Fortitude* (74 Kanonen) und die *Juno* (32 Kanonen), die Befestigungsanlagen in der San-Fiorenzo-Bucht auf Korsika. Am westlichen Ende der Bucht, an der Punta Mortella, stand ein runder Turm, der mit zwei Kanonen sowie einer Garnison aus zwei Grenadieren und 20 Matrosen besetzt war.
Diese kleine Garnison widersetzte sich dem Angriff mit solcher Kraft, dass die schwer beschädigten Schiffe abdrehen mussten. Daraufhin setzten die Briten Soldaten an der Küste ab, die einen landseitigen Angriff starteten und einzig aus dem Grund siegreich aus der Schlacht hervorgingen, weil es ihnen gelang, die Verteidiger durch Entzünden von am Turm angebrachten Reisigbündeln auszuräuchern. Der bemerkenswerte Widerstand einer solch kleinen Garnison begründete den Ruf dieser Festungsart. Admiral Sir John Jervis von der *HMS Victory* schrieb: „Ich hoffe, solche Bauten schon bald an allen Küstenabschnitten zu sehen, an denen feindliche Angriffe zu erwarten stehen." Der Name „Mortella" wurde zu „Martello", und in der Folge wurden zur Verteidigung des britischen Territoriums Dutzende solcher Türme errichtet.

Die älteste Martello-Festung der Welt

Der Turm von Simon's Town ist die älteste Martello-Festung der Welt. Die Bauweise ist zwar an den korsischen Turm angelehnt, doch scheint der Turm nie mit meerseitigen Kanonen ausgestattet gewesen zu sein. Als Bau zum Schutz landseitiger Angriffe auf die Stellung handelt es sich damit eher um ein Blockhaus als um einen „echten" Martello-Turm.

DER ALTE FRIEDHOF

(22)

Ein Friedhof für vermisste Seeleute

Am südlichen Ortsausgang von Simon's Town
Bergseitig an der Queens Road oberhalb von Seaforth Beach
Zugang über den Runciman Drive (empfohlen) und Queens Road

Verlässt man Simon's Town in Richtung Cape Point, liegt der Old Burying Ground rechts oberhalb der Straße. Der weitläufige, malerische Friedhof ist von einer Steinmauer umgeben und mit hohen Bäumen bewachsen. Die Grabsteine erzählen die Geschichte von Simon's Bay.

1814 verlegte die Royal Navy ihren Hauptsitz nach Simon's Town und baute für ihre Angehörigen ein neues Krankenhaus (das heutige Hospital Terrace). Angesichts der wachsenden Bevölkerung der Stadt sowie der Ankunft eines britischen Militärkontingents wurde ein Friedhof benötigt. Die Wahl fiel auf diesen Ort oberhalb von Seaforth Beach.

Der Old Burying Ground wurde um 1814 eingerichtet und ursprünglich von den ortsansässigen Anglikanern genutzt. Die Abteilungen für Angehörige der niederländisch-reformierten und der römisch-katholischen Kirche folgten später. Der im Zentrum der Anlage gelegene Garden of Remembrance („Garten des Gedenkens") war ursprünglich ein Soldatenfriedhof der Britischen Kriegsgräberkommission. Später übernahm der National Monuments Council die Pflege und übertrug diese schließlich an die Stadt Simon's Town. Um die niederländische Abteilung kümmerte sich die Burenkriegsbehörde von Bloemfontein.

Seit der Auflösung des National Monuments Council gestaltet sich die Pflege des Friedhofs schwierig. Die historische Gesellschaft von Simon's Town hält die Mauern und Grabsteine so gut es geht instand.

Das älteste Grab im Garden of Remembrance ist das von Konteradmiral Dundas (1775–1814). Die jüngsten Gräber sind jene der Opfer der *HMS Birkenhead*, die am 26. Februar 1852 auf Höhe von Danger Point nahe Cape Agulhas auf Grund lief und sank.

Halten Sie auch Ausschau nach den Grabsteinen der 20 Matrosen der *HMS Glendower*. Sie ertranken, als die Pinasse, die sie vom West Dockyard zurück zu ihrem Schiff bringen sollte, am 10. März 1826 bei stürmischer See kenterte.

Rund 550 Seemänner, Matrosen und Soldaten sowie 50 Kroomen (meist aus Côte d'Ivoire und Liberia stammende, von der Royal Navy rekrutierte Hilfsseeleute) liegen im Garden of Remembrance begraben. Es schmerzt zu sehen, wie jung viele von ihnen noch waren, manche noch nicht einmal 15 Jahre alt.

Im Zweiten Burenkrieg (1899–1902) waren viele burische Kriegsgefangene in Simon's Town inhaftiert. Kranke Gefangene kamen in das nahe Palace Barracks Hospital, wo die berühmte Schriftstellerin Mary Kingsley als Krankenschwester diente (und am 3. Juni 1900 an Typhus starb). Mehr als 160 Gefangene starben an ihren Verwundungen, Typhus oder Masern. Ein Kriegerdenkmal erinnert an 82 burische Kämpfer, die ebenfalls auf dem Friedhof ihre letzte Ruhestätte gefunden haben.

ALBATROSS ROCK

23

Ein heimtückischer Felsen

Shipwreck Trail
Abschnitt „Cape Point“ im Tafelberg-Nationalpark
021-780-9204
Karte erhältlich im Buffelsfontein Visitors' Centre

Gut unter der Wasseroberfläche versteckt liegt vor Olifantsbos Point der Albatross Rock. Bei schwerer See lässt sich gut beobachten, wie sich hier, rund 1,5 Kilometer vor der Küste, die Wellen brechen. Es ist ein gefährlicher Felsen, der in der Vergangenheit ein halbes Dutzend Schiffe ins Verderben stürzte. Wer nach Beweisen für seine zerstörerische Kraft sucht, begibt sich am besten auf dem Shipwreck Trail auf Spurensuche. Von der *Thomas T. Tucker* wurden schwere eiserne Gerippe und Poller in Olifantsbos an Land gespült. Ein Großteil der Wrackteile liegt auf den Felsen südlich der Spitze (am besten zu sehen bei Ebbe), doch auch am Strand stößt man hier und da auf die Überreste gekenterter Schiffe.

Die *Thomas T. Tucker* lief am 17. November 1942 am Albatross Rock auf Grund. Der Liberty-Frachter war eines von knapp 3.000 vergleichbaren Schiffen, die im Zweiten Weltkrieg in den USA gebaut wurden, bewaffnete Handelsschiffe, die dazu dienten, die Alliierten mit Material und Lebensmitteln zu versorgen. Die *Thomas T. Tucker* stieß auf ihrer Jungfernfahrt von New Orleans aus in See, um über Kapstadt nach Nordafrika zu fahren, an Bord Vorräte und Sherman-Panzer für die alliierten Streitkräfte, die sich in der Wüste Rommels Truppen entgegenstellten.

Die Gewässer vor Kapstadt wurden damals von deutschen U-Booten kontrolliert. Für den Untergang der *Tucker* war jedoch kein Torpedo verantwortlich, sondern schlechtes Wetter und menschliches Versagen. Das Küstenschiff *Swazi* kam zu Hilfe, um die kostbare Fracht aufzunehmen. Über eine eigens gebaute Ferrikret-Straße wurde das übrige Material auf dem Landweg gesichert. Erstes registriertes Opfer des Felsen war der Schleppdampfer *Albatross*, der der maritimen Gefahrenstelle ihren Namen gab. Beladen mit Baumwolle fuhr er 1863 auf der Fahrt von Simon's Town in die Tafelbucht auf das Riff auf. Zweites Opfer war der Dampfer *RMS Kafir*, der nach einer Kollision mit dem Albatross Rock 1878 südlich von Olifantsbos sank. Zwei Jahre später ereilte die *Star of Africa* auf dem Weg von Kalkutta nach Kapstadt dasselbe Schicksal.

1909 traf es das Küstenschiff *SS Umhlali*, 1917 den schwedischen Frachter *Bia*. Letztes Opfer war das niederländische Küstenschiff *Nolloth*, das 1965 bei Sturm auf den Felsen auflief. Noch heute liegen Wrackteile der *Nolloth* am Strand südlich von Olifantsbos, ganz in der Nähe der Überreste der *Thomas T. Tucker*.

DIE KANONE AM PAULSBERG 

Ein ausgeklügeltes Kommunikationsmittel

Die Kanone ist nach 45 Gehminuten auf dem Farmer's Cliff Trail im Naturreservat Cape Point erreicht. Der Weg beginnt hinter dem Parkplatz von Bordjies Rif

Oben auf dem Paulsberg steht an der Ostküste des Naturreservats Cape Point eine niederländische 4-Pfünder-Kanone. Vom Standort des schwarz gestrichenen Geschützes aus bietet sich uneingeschränkte Sicht über den Atlantik, Cape Point und False Bay. Bis vor kurzem konnte sich niemand so recht einen Reim auf Sinn und Zweck der Kanone machen. Aus militärischer Sicht konnte die kleine, einzelne Kanone kaum der Verteidigung dienen, zumal sie keine bedeutenden Zufahrtstraßen zu den Siedlungen am Kap abdeckte. Auch für vorbeifahrende Schiffe stellte sie keine ernstzunehmende Gefahr dar.

Aufgrund des Marinestützpunks von Simon's Town wurde jedoch ein Warnsystem für den Fall benötigt, dass ein feindliches Schiff in die False Bay einfuhr und die in der Bucht vor Anker liegenden Schiffe bedrohte. Sowohl die Niederländer als auch später die Engländer richteten deshalb in Simon's Town Geschützstellungen ein. Die Kanone vom Paulsberg war vermutlich eine Signalkanone und als solche das erste Glied eines frühen Warnsystems, das sich von False Bay aus die Westküste hinaufzog.

Dem früheren Sozialökologen des Nationalparks der Kap-Halbinsel, Jim Hallinan, gelang es, das Rätsel um die Paulsberg-Kanone zu lösen. Den Schlüssel dazu fand er in einer Reihe von Briefen, die Anfang des 19. Jahrhunderts von einem dauerhaft, auch in Friedenszeiten bemannten Signalposten berichteten. Dies legt nahe, dass die Kanone nicht nur einfach Warnsignale übermittelte, sondern die Kolonie möglicherweise über nahende Schiffe in Kenntnis setzte.

Aus der Korrespondenz zwischen dem kommissarischen Kolonialsekretär Bird und dem stellvertretenden Finanzverwalter P. S. Buissine geht klar hervor, dass vom Paulsberg aus Signale gegeben wurden und die angrenzende Baracke bereits 1809, also schon im dritten Jahr der britischen Besatzung, baufällig war. Dies legt den Schluss nahe, dass die Kanone von den Niederländern bereits vor der Invasion der Engländer 1806 genutzt wurde. Weitere Briefe erwähnen den Paulsberg als „vordersten Signalposten", was bedeutet, dass es in Richtung Norden weitere, vergleichbare Posten gegeben haben muss.

Da für 1809 noch keine Lärmbelästigung zu vermuten steht, konnte ein Schuss aus einem 4-Pfünder bei günstiger Witterung (z. B. an kalten Tagen mit geringer Bewölkung und Rückenwind) gut und gerne bis zu acht, mindestens aber wohl sechs Kilometer weit zu hören gewesen sein. Folglich ist anzunehmen, dass zwischen dem Paulsberg und dem Marinestützpunkt von Simon's Town drei weitere solche Posten standen.

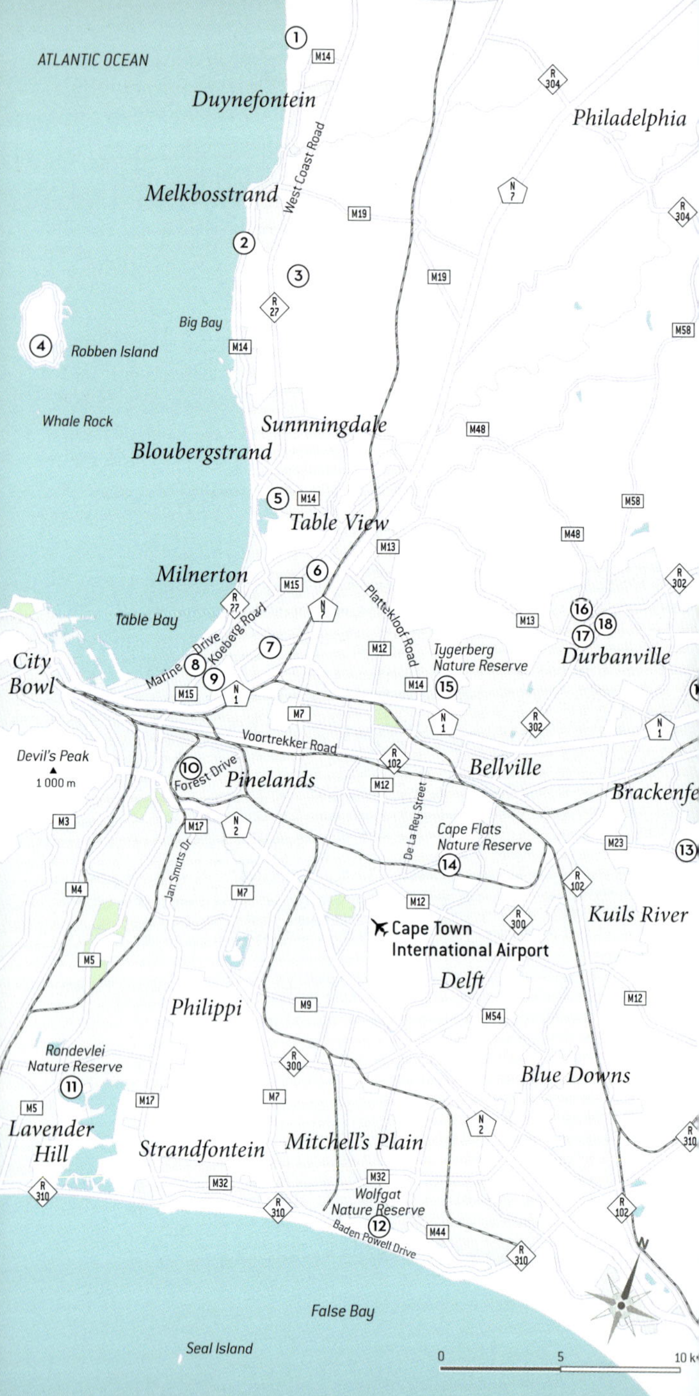
ATLANTIC OCEAN
Duynefontein
Philadelphia
West Coast Road
Melkbosstrand
Big Bay
Robben Island
Whale Rock
Sunnningdale
Bloubergstrand
Table View
Milnerton
Table Bay
Marine Drive
Koeberg Road
Plattekloof Road
Tygerberg Nature Reserve
Durbanville
City Bowl
Voortrekker Road
Devil's Peak
1 000 m
Forest Drive
Pinelands
Bellville
Brackenfe
Cape Flats Nature Reserve
De La Rey Street
Jan Smuts Dr
Kuils River
Cape Town International Airport
Delft
Philippi
Rondevlei Nature Reserve
Blue Downs
Lavender Hill
Strandfontein
Mitchell's Plain
Wolfgat Nature Reserve
Baden Powell Drive
False Bay
Seal Island
0
5
10 k

Westküste & Cape Flats

1. NATURSCHUTZGEBIET KOEBERG *230*
2. HAAKGAT POINT *232*
3. DIE RADARSTATION AM BLAAUWBERG HILL *234*
4. DIE 9-ZOLL-KANONE VON ROBBEN ISLAND *236*
5. *SANCCOB* *238*
6. DER TEMPEL VON MAZU *240*
7. INTAKA ISLAND *242*
8. KLEIN ZOAR HOUSE *244*
9. MUSEUM DER SÜDAFRIKANISCHEN LUFTWAFFE *246*
10. SPAZIERGANG AM CENTRAL SQUARE *248*
11. DIE FLIEHENDEN FLUSSPFERDE VON RONDEVLEI *250*
12. NATURSCHUTZGEBIET WOLFGAT *252*
13. MARVOL MUSEUM *254*
14. NATURSCHUTZGEBIET CAPE FLATS *256*
15. NATURSCHUTZGEBIET TYGERBERG *258*
16. DER ROSENGARTEN VON DURBANVILLE *260*
17. ONZE MOLEN *262*
18. DIE ALLERHEILIGENKIRCHE VON DURBANVILLE *264*
19. DAS WIJNLAND AUTO-MUSEUM *266*

NATURSCHUTZGEBIET KOEBERG ①

Naturnahes Wandern und Biken am Kernkraftwerk

Rund 30 km nördlich von Kapstadt an der R27
Täglich von Sonnenauf- bis Sonnenuntergang
Eintritt frei, Personaldokument für die Sicherheitskontrolle am Eingang erforderlich

Das einzige Kernkraftwerk Afrikas ist vermutlich nicht der Ort, der einem als Erstes in den Sinn kommt, wenn man eine Mountainbike-Tour oder eine entspannte Wanderung am Strand plant. Die 30 Kilometer vom Stadtzentrum von Kapstadt entfernt gelegene Koeberg Power Station jedoch liegt inmitten eines 3.000 Hektar großen Naturschutzgebiets, in dem Elenantilopen, Zebras und Gazellen sowie mehr als 170 Vogelarten in der bedrohten Landschaft des West Coast Strandveld einen geschützten Lebensraum gefunden haben.

Das Koeberg Nature Reserve ist Eigentum des nationalen südafrikanischen Energieversorgers Eskom. Es wurde 1991 (sechs Jahre nach Bau des AKWs) im Zuge der Umweltpolitik von Eskom als Naturbildungsstätte für die Öffentlichkeit eingerichtet und kann über zwei Wanderpfade und einen Mountainbike-Trail erkundet werden.

Alle Wege beginnen am Besucherparkplatz, wo in einem Informationskiosk Broschüren und eine Karte erhältlich sind. Der kürzere Grysbok Trail (2,5 bzw. 5,7 km) verläuft kreisförmig um Feuchtgebiete bis zu einem Aussichtspunkt am Strand mit Blick auf den Tafelberg. Der Dikkop Trail führt zur anderen Seite des Naturschutzgebiets und setzt sich aus einer Reihe miteinander verbundener Wege zusammen, von denen ein zwei Kilometer langer Abschnitt am Strand entlangführt. Je nach Zeit und Energie können hier in einem Rundweg Strecken von 9,5, 19,3 oder 22,3 Kilometern zurückgelegt werden. Wer ein Lunch-Paket im Gepäck hat, kann dieses entspannt am Strand genießen.

Für Mountainbiker gibt es einen gut markierten, 19 Kilometer langen Trail mit drei Schleifen. Die Strecke ist meist flach und führt über gut befestigte Feldwege und bietet sich damit auch für weniger Geübte oder Familien mit Kindern an. Am entferntesten Punkt liegt eine Vogelbeobachtungsstation, an der man mit ein wenig Glück Pelikane, Flamingos und Seeadler zu Gesicht bekommt. Wer ein paar Extra-Kilometer (teilweise durch Sand) in Kauf nimmt, gelangt auf dem Rückweg rechts hinunter zum Strand. Halten Sie Ausschau nach der Elenantilope, die hier herumstreifen soll. Ein völlig ausgepumpter Radfahrer gab einmal an, von dieser um das halbe Naturschutzgebiet herum verfolgt worden zu sein. Der zuständige Ranger von Eskom vermutete, die Antilope sei vermutlich schlicht einsam gewesen und habe Gesellschaft gesucht.

Mit ein wenig Glück können hier auch kleine Raubtiere wie die Afrikanische Wildkatze, die Ginsterkatze oder der Karakal gesichtet werden. Die beste Besuchszeit ist im Frühling (August/September), wenn sich das Strandveld in einem wunderschönen Wildblumenteppich präsentiert. Denken Sie unbedingt an ausreichend Sonnenschutz! Das Gelände bietet keinen Schatten.

HAAKGAT POINT

②

Der extremste Windsurfing-Spot am Kap

3 km nördlich von Blouberg und 1 km südlich von Melkbosstrand am Otto du Plessis Drive (M14)
Achten Sie auf das Schild und den kleinen uferseitigen Parkplatz

Haakgat ist der wohl spektakulärste Wind- und Kite-Surfspot von Kapstadt. Von Zeit zu Zeit gibt er sich ein bisschen launisch, denn nicht immer weht der richtige Südostwind, der den passenden Wellengang aus Südwesten bringt. Wenn es dann aber so weit ist und die Nachricht die Runde durch die lokale Surf-Community macht, bietet sich ein atemberaubendes Schauspiel. Kapstadt gilt unter Kite- und Windsurfern weltweit als eine der besten Locations. In den Sommermonaten strömen Wellenreiter vor allem aus Europa an die Strände, bis an die Zähne bewaffnet mit Boards, Segeln und Kites.

Zu den beliebtesten Spots zählen Sunset Beach, Kite Beach (Table View) und Big Bay (Blouberg). Haakgat ist weniger bekannt und nicht so stark frequentiert, bietet jedoch die extremsten Bedingungen. Hier sieht man die besten Wellenbezwinger und die radikalsten Manöver. An ruhigen Tagen eignet sich der Strand auch gut zum Angeln und Fliegenfischen. Haakgat ist ein linksseitiger Pointbreak gegenüber dem Atlantic Beach Golf Club.

Ob es ein guter Tag ist, erkennt man schnell an der Anzahl der Autos, die am Otto du Plessis Drive vor der Einfahrt zum kleinen Parkplatz stehen. Aufgrund der vielen Italiener, die am Haakgat surfen, ist der Strandabschnitt auch als Little Italy bekannt.

Bei Sideshore-Wind (am besten bei Flut) erreichen die Wellen hier erstaunliche Höhen, und nicht nur das: Mit ihrer hohen Formstabilität bieten sie oft optimale Bedingungen für lange, saubere Lines. Immer wieder bieten sich besonders hohle Breaks und damit Rampen für waghalsige Sprünge. Bei perfekten Bedingungen sind Ritte über 200 Meter möglich. Doch Vorsicht! Der Shorebreak ist tückisch und in Strandnähe treten häufig sogenannte Rip Currents (Riss-Strömungen) auf. Dazu kommen gefährliche Felsen, sodass Haakgat vor allem bei Flut und hohem Wellengang nur für erfahrene Surfer zu empfehlen ist.

Flachwasser-Surfen am Rietvlei

Für Anfänger bietet ein See hinter den Sanddünen am Sunset Beach hervorragende Bedingungen. Auch zum Testen von neuem Equipment, zur Teilnahme an Wettbewerben oder zum sicheren Speedsailing ist der Rietvlei ideal. Startpunkt ist am Milnerton Aquatic Club am Ostufer des Sees.

DIE RADARSTATION AM BLAAUWBERG HILL

③

Ein wichtiger Beitrag zur alliierten Seeverteidigung im Zweiten Weltkrieg

Zugang nur bei Zimmerbuchung oder im Rahmen von Führungen der Friends of the BCA – 021-444-0454 – bca.org.za
Zimmeranfragen unter reservations.blaauwberg@capetown.gov.za
Anfragen für Führungen an chair@bca.org.za

Nur wenige wissen, dass der Blaauwberg Hill im Kampf der Alliierten im Zweiten Weltkrieg eine wichtige Rolle spielte. Auf dem Hügel, heute Teil des Naturschutzgebiets Blaauwberg, befand sich einst eine Radarstation. Der alte Bunker bietet einen atemberaubenden Blick auf Robben Island, Melkbos und Koeberg im Norden und den Tafelberg im Süden. An den Wänden hängen Karten der alten Radarstationen auf der Kaphalbinsel und Listen der in der Nähe gesunkenen Schiffe. Das Gebäude ist mit seiner gewellten Form und seiner sandigen Farbe gut

getarnt, von der Küstenstraße R27 aus jedoch zu sehen. Im Krieg passierten viele Truppen- und Versorgungsschiffe das Kap. Zwischen 1939 und 1945 legten rund 18.000 in Kapstadt an. Im gleichen Zeitraum sanken 156 alliierte Schiffe in weniger als 1.600 Kilometern Entfernung von der Küste der Südafrikanischen Union, darunter 134 deutsche, italienische und japanische U-Boote (von denen nur eines ein Kriegsschiff war). Ohne die geheimen Radarstationen der SSS (Special Signals Services) wäre diese Zahl vermutlich sehr viel höher gewesen.

Diese Anlagen befanden sich meist an abgelegenen Orten und schickten Funksignale über das Meer. Schiffe oder Flugzeuge innerhalb der Reichweite dieser Signale reflektierten diese und erschienen als Punkt auf einem Bildschirm. Das meist weibliche Personal auf dem Blaauwberg wurde darin geschult, diese Punkte zu bewerten und zu differenzieren, ob es sich um Fischerboote oder feindliche U-Boote handelte.

Informationen über verdächtige Bewegungen wurden an das Einsatzzentrum im Castle weitergeleitet, wo über die Entsendung eines Aufklärungsflugzeuges und gegebenenfalls den Abwurf einer Wasserbombe entschieden wurde. Darüber hinaus half die Radaranlage befreundeten Schiffen, das gefährliche Kap zu umschiffen, denn aus Sicherheitsgründen waren die Leuchttürme außer Betrieb und in der Kommunikation herrschte Funkstille. Viele der zur Bewachung der geheimen Radarstationen abgestellten Männer waren einzig mit Assegai, afrikanischen Speeren, ausgestattet, um zu verhindern, dass Spione ihren Standort und Sinn und Zweck ihrer Arbeit aufdeckten.

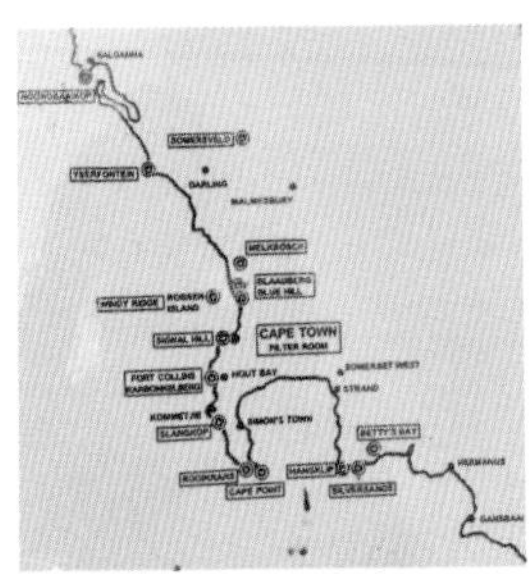

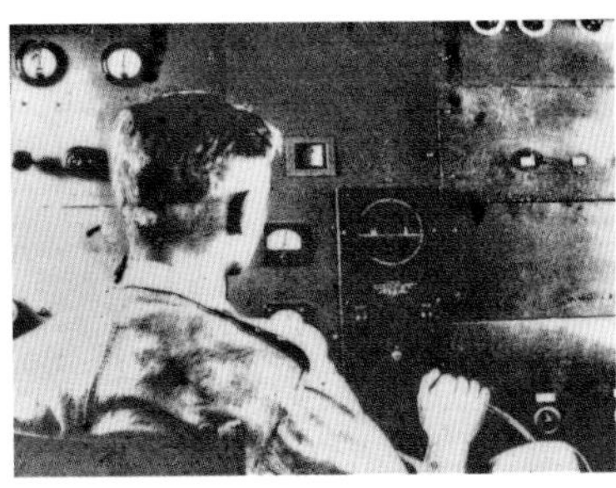

Eine Offiziersmesse aus dem Zweiten Weltkrieg, nur wenige Schritte von der Radarstation entfernt, wurde kürzlich renoviert und zu einer Unterkunft für Selbstverpfleger umgebaut, die nach dem *Scelotes montispectus*, einer 2002 entdeckten, vermutlich ausschließlich hier lebenden Glattechsenart, benannt ist. *Montispectus* bedeutet „den Berg betrachten" – und dazu bietet der Blaauwberg Hill mit seiner fantastischen Aussicht auf den Tafelberg ausreichend Gelegenheit.

DIE 9-ZOLL-KANONE VON ROBBEN ISLAND

④

Schwere Artillerie zur Verteidigung von Kapstadt

Westufer von Robben Island
Besichtigung im Rahmen einer Inselrundfahrt möglich (fragen Sie bei Ihrem Guide nach)

Die meisten Besucher von Robben Island interessieren sich vor allem für das berühmte Gefängnis und Mandelas Zelle. Doch die Insel spielte auch im Zweiten Weltkrieg eine faszinierende Rolle. Von rund 100 9,2-Zoll-Kanonen, die weltweit im Krieg zum Einsatz kamen, gibt es heute noch 28. Zwölf davon stehen in Südafrika. Die Kanone Nr. 3 der De Waal Battery aus dem Jahr 1940 ist die einzige von ihnen, die heute nach einer umfassenden Restauration wieder voll funktionstüchtig ist. Fragen Sie bei Ihrem Inselguide nach, denn oft ist eine Besichtigung des Geschützes in der offiziellen Tour nicht enthalten. Mit Ausbruch des Zweiten Weltkriegs wurde Robben Island zum Zentrum des Verteidigungssystems der Kaphalbinsel. Im Suezkanal bestand die Gefahr deutscher Angriffe, sodass von einer deutlichen Zunahme des Schiffsver-

kehrs in südafrikanischen Gewässern auszugehen war. Das Mittelmeer war ab 1942 ein umkämpfter Kriegsschauplatz, am Kap herrschte reger Verkehr großer Geleitzüge mit Verstärkung und Material an Bord. Zwischen 1941 und 1944 legten knapp 50.000 Schiffe in südafrikanischen Häfen an. Da das Land über keine nennenswerten Seestreitkräfte verfügte, war die Küstenverteidigung entscheidend und Robben Island wurde zu einer Art stationärem Schlachtschiff in der Tafelbucht. Die Wahl fiel auf ein 9,2-Zoll-Geschütz mit großem Winkelgrad und hoher Reichweite, das mit den Geschützen von Simon's Town und Llandudno eine Einheit bilden und die Küste sowie die Häfen der Halbinsel lückenlos schützen sollte. Zur Befestigung der Insel wurden 150.000 Tonnen Ausrüstung herangeschafft, Straßen und ein Hafen, Untergrundmagazine und Aussichtstürme, eine Start- und Landebahn sowie Kasernen und Freizeitangebote für Tausende Soldaten gebaut. Zudem wurden verschiedene Nebenanlagen benötigt – Beobachtungsposten, ein Kraftwerk, Verwaltungsräume und Lagerräume – von denen die meisten bis zu zehn Meter unter der Erde angelegt wurden. Rund um die Insel wurden Maschinengewehrnester, Suchscheinwerfer und Stacheldrahtzäune installiert, zumal nach dem Angriff auf Pearl Harbour große Angst vor einer japanischen Invasion herrschte. Die Kanone Nr. 3 der De Waal Battery wurde 1901 in der Royal Gun Factory von Woolwich (London) gebaut und kam im November 1940 ans Kap. Sie wiegt 140 Tonnen und hat eine Reichweite von knapp 30 Kilometern. Die restaurierte Kanone wurde am 4. März 2011 eingeweiht. Ihre Funktionsweise samt Hydraulik, Lademechanismus, um 360 Grad schwenkbarem Geschützturm und Abschusswinkel von bis zu 25 Grad wird heute nur selten öffentlich vorgeführt.

SANCCOB

5

Ein außergewöhnliches Projekt zur Rettung des Brillenpinguins

22 Pentz Drive, Table View
sanccob.co.za
Montag–Freitag, Touren um 11 Uhr und 15 Uhr; jeden zweiten Samstag um 10 Uhr, 12 Uhr und 15 Uhr
Führungen müssen im Voraus gebucht werden

Die Brillenpinguine am Boulders Beach begeistern Einheimische und Touristen gleichermaßen. Was die meisten jedoch nicht wissen, ist, dass ein Großteil der Arbeit zum Schutz dieser gefährdeten Seevögel in einer Rettungsstation auf der anderen Seite der Stadt geleistet wird. Die südafrikanische Stiftung *SANCCOB* am nördlichen Ende der Tafelbucht ist eine von wenigen Seevogel-Rettungsstationen überhaupt.

Als am 23. Juni 2000 vor der Küste von Kapstadt ein Tanker havarierte und 1.300 Tonnen Öl ins Meer liefen, startete *SANCCOB* die größte Rettungsaktion für Tiere, die es bis dahin weltweit je gegeben hatte, und rettete 40.000 Pinguinen und anderen Vögeln so das Leben. Auch in Jahren ohne Ölpest behandelt *SANCCOB* rund 2.500 verletzte, ölverschmutzte oder kranke Seevögel und verlassene Jungtiere. Meist handelt es sich um Brillenpinguine, doch auch Kormorane und Möwen sind unter den Patienten.

Wer Pinguine mag und mehr über sie erfahren will, dem bietet eine einstündige *SANCCOB*-Tour einen spannenden Einblick in die Arbeit dieses geschäftigen Seevogel-Krankenhauses. Im Rahmen der Führung sieht man, wie die Vögel gewaschen, gepflegt und gefüttert werden und lernt einige der adoptierten Botschafter der Station kennen, unter ihnen der Felsenpinguin Rocky und der Brillenpinguin Skipper.

In der Aufzuchtstation werden verwaiste Eier und Jungvögel ausgebrütet bzw. aufgezogen und später ausgewildert, mehr als 2000 seit der Eröffnung im Jahr 2011. Im Rahmen der Besichtigung ist dieser Bereich nur durch ein Fenster zu sehen, um das Einschleppen von Krankheitserregern zu verhindern. Fun Fact: Die Forschung hat kürzlich herausgefunden, dass von Hand aufgezogene Jungtiere höhere Überlebenschancen und mehr Nachwuchs haben als ihre wild geborenen Artgenossen.

SANCCOB ist eine Nonprofit-Organisation und auf Spenden und ehrenamtliche Helfer angewiesen. Hinweise, wie Sie helfen können, finden sich unter sanccob.co.za.

IN DER UMGEBUNG

The Rietvlei Wetland Reserve

Täglich von 7.30–17 Uhr

Gleich um die Ecke (10 Sandpiper Crescent) liegt der Eingang zu einem der bedeutendsten Wasservogelreservate Südafrikas. Rietvlei ist eine 560 Hektar große Süßwasser-Marsch im Überschwemmungsgebiet des Diep River. Durch vielfältige Habitate und seine Nähe zum Ozean sind für dieses Marschgebiet mehr als 100 Wasservogelarten verzeichnet, darunter Eisvögel, Krickenten, Fischreiher, Lappentaucher, Seeschwalben und Kormorane sowie Rosa- und Zwergflamingos und Rosapelikane. Rietvlei ist Teil der Table Bay Nature Reserve.

DER TEMPEL VON MAZU

⑥

Ein taiwanischer Tempel für Fischer

5A Illy Industrial Park, Stella Road, Montagu Gardens
Täglich von 9.30–16.30 Uhr

In Montagu Gardens verbirgt sich in einem abgelegenen Betonbungalow in einem Industriegelände ein taiwanischer Tempel zu Ehren der Göttin Mazu (Matsu). Die daoistische Schutzgöttin der Seefahrer ist die am meisten verehrte Gottheit der Taiwaner. Der Legende nach wurde Mazu („Mutterahn") am 23. März des Jahres 960 in der Song-Dynastie als siebte Tochter eines Fischers geboren. Geschichten über sie gibt es viele. Einig sind sie sich aber alle darin, dass sie in einem roten Kleid am Ufer steht, um Fischerboote sicher nach Hause zu geleiten. Mazu hat sich für Auslandschinesen und -taiwaner weltweit zu einer bedeutenden Identifikationsfigur entwickelt. Kapstadt besitzt einen der wichtigsten Anlaufhäfen für taiwanische Fangflotten. Viele Besatzungsmitglieder nutzen den Halt, um hier zu beten, der Göttin für ihren Segen und Schutz zu danken und sie um Führung zu bitten. Der Tempel wird privat von der lokalen taiwa-

nischen Gemeinschaft unterhalten. Dennoch sind Besucher aller Kulturen willkommen. Jeweils im März finden anlässlich des Geburtstages von Mazu Sonderveranstaltungen statt. Gehen Sie durch das Vorzimmer in den zentralen Raum und nehmen Sie sich dort (gegen eine Spende in die rote Box) vier Räucherstäbchen. Zünden Sie sie an und kehren Sie zurück in das Vorzimmer. Sprechen Sie dort ein erstes Gebet. Legen Sie ein Räucherstäbchen in die große, im Vorzimmer aufgestellte Schale sowie Obst oder eine andere Gabe auf den großen Tisch im Hauptsaal, bevor Sie am Altar ein weiteres Räucherstäbchen vor Mazu ablegen und zu ihr beten. Beten Sie dann rechts zu Tai Suey und legen Sie ein drittes Räucherstäbchen in die Schale. Gehen Sie zuletzt zurück in das Vorzimmer und beten Sie zu den „Fünf Tigergenerälen", den Repräsentanten der Erde. Um herauszufinden, was die Zukunft für Sie bereithält, kehren Sie zum Altar von Mazu zurück und bitten sie um Unterstützung bei der Formulierung Ihrer Frage. Ziehen Sie dann einen Stab aus der Orakelschale und werfen Sie die zwei danebenliegenden Holzstücke. Zeigt bei einem die glatte Seite nach oben, beim anderen nach unten, haben Sie den richtigen Stab, dessen Bedeutung Ihnen der Priester des Tempels, Mr. Hong, darlegen wird.

INTAKA ISLAND

Der Himmel auf Erden für Vogelbeobachter im Zentrum einer neuen Stadt

Park Way, Century City
Täglich; Oktober–April von 7.30–19 Uhr; Mai–September von 7.30–17.30 Uhr

Vielen Kapstädtern gilt Century City als seelenloses „Johannesburg am Meer". Was viele nicht wissen, ist, dass mitten in diesem größten Einkaufs- und Geschäftszentrum am Westkap ein schönes und wertvolles Naturschutzgebiet liegt. Das 16 Hektar große Gebiet bietet mehr als 200 autochthonen Pflanzen- und 120 Vogelarten einen Lebensraum und dient zahlreichen Wasservögeln als Brutstätte.

Vor Ankunft der Immobilienentwickler war das Gelände von dichter, gebietsfremder Vegetation überwuchert. Das große Feuchtgebiet kam erst bei einer Luftuntersuchung zum Vorschein. Vogelbeobachter, die von der Entdeckung gehört hatten, mussten sich ihren Weg durch dichten, invasiven Weidenblatt-Akazienbewuchs schlagen. Jenen, denen dies gelang, verschlug es angesichts der Unberührtheit dieses Naturjuwels den Atem.

Naturschützer zeigten sich bestürzt, als Mitte der 1990er-Jahre mit dem Bau der Century City begonnen wurde. Doch zu ihrer großen Freude beschlossen die Projektverantwortlichen, das Feuchtgebiet zu bewahren. So entstand das Intaka Island Wetland Reserve.

Intaka („Vogel" auf Xhosa), das als kleines Low-Budget-Vorhaben begann, ist heute eines der erfolgreichsten Wetland-Reservate Südafrikas. Die Bewirtschaftung erfolgt so natürlich und umweltverträglich wie möglich. Über ein System von vier Zellen wird das Wasser, das aus den Kanälen rund um Century City einfließt, mithilfe von Schilf, Wind und Seichtwasser gefiltert und belüftet.

Drei dauerhafte Teiche bilden die „konstruierten" Wetlands, während im östlichen Teil der Anlage eine weitgehend unberührt belassene, saisonale Pfanne liegt, die sich im Winter mit Wasser füllt und über den Sommer hinweg langsam austrocknet. Zurück bleibt am Ende nur ein Häufchen Salz. Die Pfanne ist von Cape-Flats-Sand-Fynbos und Strandveld umgeben und veranschaulicht, wie ein Großteil der Cape Flats vor 200 Jahren ausgesehen haben mag. Unter den Eingeweihten des Geheimnisses von Intaka Island finden sich viele passionierte Vogelfotografen. Bei Sonnenaufgang legen sie sich auf die Lauer und werden mit fantastischen Nahaufnahmen von Haubenzwergfischern und Graufischern belohnt. Doch auch verschiedene Reiherarten, Afrikanische Löffler, Kammblesshühner, Zwergtaucher, Oryxweber, Moorhühner und Wildenten sind zu beobachten.

Besucher können auf eigene Faust auf den beiden kurzen, gekennzeichneten Rundwegen losziehen oder sich von einem Ranger führen lassen. Alternativ bietet sich auch eine Bootstour um die Insel mit der Century City Ferry an.

KLEIN ZOAR HOUSE

⑧

Zuhause eines südafrikanischen Helden

4 Wemyss Street, Brooklyn (Privatbesitz)

Das 1971 zum Nationaldenkmal erklärte Klein Zoar House ist ein einfaches, reetgedecktes Haus von Anfang des 18. Jahrhunderts und gilt als Wohnstätte des südafrikanischen Helden Wolraad Woltemade. Es ist ein besonders schönes Beispiel des vor dreihundert Jahren üblichen Cottage-Stils am Kap, der heute nur noch in wenigen Bauten zu finden ist. Das Haus befindet sich in Privatbesitz und liegt gut verborgen hinter Blattwerk am Ende der Wemyss Street am Zoar Vlei, dem letzten Zeugen des früheren Schwemmlands von Paarden Eiland. Am 1. Juni 1773 lag die *Jonge Thomas*, ein Schiff der Niederländischen Ostindien-Kompanie (VOC), nahe der Mündung des Salt River vor Anker. In den frühen Morgenstunden hatte sich der in der Nacht aufgekommene Sturm verstärkt. Der Kapitän des Schiffs, Barend Lameren, befahl, eine Kanone abzufeuern, um die Menschen an Land darauf aufmerksam zu machen, dass sie möglicherweise Hilfe benötigen würden. Kurz vor dem Morgengrauen löste sich der Anker der *Jonge Thomas* und das Schiff lief auf eine Sandbank vor der Mündung auf. Viele Männer starben, als das Schiff auseinanderbrach. Die Überlebenden klammerten sich an das Wrack. Das havarierte Schiff war nicht weit vom Land entfernt, sodass manche versuchten, schwimmend ans Ufer zu gelangen. Die meisten jedoch starben bei dem Versuch. Am Strand versammelten sich immer mehr Schaulustige,

die von einer Abordnung Soldaten zur Ordnung gerufen wurden, darunter Corporal Christian Ludwig Woltemade, jüngster Sohn Wolraads. Bei Tagesanbruch brach Wolraad zu Hause auf, um seinem Sohn Essen und Trinken zu bringen. Als er voller Bestürzung sah, dass niemand am Strand Anstalten machte, den Schiffbrüchigen zu helfen, ritt er mit seinem Pferd Vonk (nl. „Funke") kurzerhand ins Wasser. Am Wrack angekommen rief er zwei Männern zu, ins Wasser zu springen und sich an Vonks Schwanz festzuhalten, und zog sie an Land. Auf dieselbe Weise rettete Wolraad insgesamt 14 Männern das Leben. Als das Schiff zu sinken begann, waren Pferd und Reiter bereits völlig erschöpft. Dennoch trieb Wolraad sein Pferd ein weiteres Mal in die Fluten. Die Sinkenden erkannten, dass dies ihre letzte Chance war, sprangen ins Wasser und klammerten sich an das Pferd. Doch die Last war zu schwer, und sie gingen alle unter und ertranken. Woltemade wurde zum Helden. Die VOC sorgte für seine Witwe und Kinder und benannte ein Schiff nach ihm, *De Held Woltemade*. Später wurde der 1976 erbaute Bergungsschlepper *SA Wolraad Woltemade* auf seinen Namen getauft. Seit 1970 wird in Südafrika die Woltemade-Medaille als höchste zivile Auszeichnung für Tapferkeit verliehen.

MUSEUM DER SÜDAFRIKANISCHEN LUFTWAFFE ⑨

Heimstatt legendärer Flugzeuge

Der Eingang zur Ysterplaat Air Force Base liegt am Ende der Piet Grobler Street, Brooklyn
Das Museum befindet sich auf dem Luftwaffenstützpunkt
021-508-6576
Mittwoch–Freitag von 7–15 Uhr, Samstag von 8–12.30 Uhr
Eintritt frei

Das Museum der südafrikanischen Luftwaffe (SAAF) in Ysterplaat ist ganz der Geschichte der militärischen Luftfahrt gewidmet. Mithilfe zahlreicher Exponate zeichnet es die Geschichte der SAAF seit ihrer Gründung 1920 nach. Neben Flugzeugen, Modellen, Waffen, Motoren und Uniformen gibt es zahlreiche Erinnerungsstücke des Royal Flying Corps zu sehen. Herz der Ausstellung sind jedoch zweifelsohne die historischen Luftfahrzeuge, von denen einige noch heute flugtauglich sind.

Das Museum wird von einer Gruppe von Luftfahrt-Enthusiasten betrieben. Der Schwerpunkt liegt auf der Rolle Südafrikas im Zweiten Weltkrieg, der Berliner Luftbrücke, dem Koreakrieg und dem Südafrikanischen Grenzkrieg. Ein Teil widmet sich zudem Frauen in der Luftfahrt, ein anderer der Geschichte von Ysterplaat. Interessant ist auch das kleine Planetarium, in dem Kadettenpiloten lernten, ohne Instrumente oder GPS zu navigieren. Im Museum gibt es einen Shop, in dem Bücher, Modelle und Poster erhältlich sind, sowie eine Bücherei mit themenbezogenen Publikationen, Forschungsmaterialien, Logbüchern und Fotografien. Im Museumshangar sowie in Hangar Four innerhalb des Hochsicherheitsbereichs der Basis (nur Samstagvormittag und nach Voranmeldung geöffnet) stehen einige alte Flugzeuge, darunter eine Ventura, eine Dakota und mehrere Mirages.

Der erste Jet, der den Atlantik überquerte

Die vermutlich interessantesten Flugzeuge des Museums sind die *De Havilland Vampire* und die *Avro Shackleton Mark 3*. Die *Vampire* war ein britisches Jagdflugzeug, das im Zweiten Weltkrieg entwickelt wurde. Es war ab 1945 Teil der Royal Air Force, nahm jedoch nicht mehr an Kampfhandlungen teil. Seine große Zeit kam nach dem Krieg mit mehreren Meilensteinen der Luftfahrt, zum Beispiel als erstes Flugzeug, das den Atlantik überquerte. Die *Vampire* wurde in Ysterplaat montiert und war der erste einsatzbereite Jagdflieger der SAAF. Insgesamt wurden 77 dieser Modelle nach Südafrika geliefert. Ebenfalls in Ysterplaat wurde die letzte flugtaugliche *Shackleton* montiert. Das Flugzeug wurde in Ermangelung ausreichend ausgebildeter Besatzungen stillgelegt. Die *Shackleton* war zwischen 1957 und 1984 für die in Ysterplaat stationierte 35. Schwadron im Einsatz. Bei den meisten Einsätzen handelte es sich um Patrouillenflüge zur Überwachung der Seewege rund um das Kap. Einige Flüge führten die *Shackleton* jedoch bis in die Antarktis.

SPAZIERGANG AM CENTRAL SQUARE ⑩

Das grüne Zentrum von Südafrikas erster Gartenstadt

Im Zentrum von Pinelands an der Kreuzung Broad Walk, Central Avenue und St. Stephen's Road

Der Central Square in Pinelands ist das Herz einer „Gartenstadt" im Stile des anglisierten Kapstadts um die Mitte des 20. Jahrhunderts und erinnert an ähnliche städtebauliche Projekte in England wie Milton Keynes. Die Gartenstadtbewegung ist ein Modell der planmäßigen Stadtentwicklung, das 1898 von dem Briten Ebenezer Howard entworfen wurde. Neue urbane Zentren wurden als eigenständige, von Grüngürteln umgebene Gemeinschaften gedacht, in denen Wohnraum, Industrie und Landwirtschaft miteinander verwoben waren. Dahinter stand der Wunsch nach durchdachten Vororten mit Sport- und Freizeitstätten und geordnet fließendem Verkehr. Richard Stuttaford aus der berühmten Kapstädter Händlerfamilie rief 1918 den *Garden Cities Trust* ins Leben. Der Vorort Pinelands wurde in Großbritannien entworfen und zur ersten Gartenstadt Südafrikas. Unser Spaziergang beginnt an der Westseite des Platzes, dort, wo der Broad Walk auf den Central Square trifft. Hier liegt der Grundstein des Viertels, der am 5. Mai 1923 von General Jan Smuts gelegt wurde. Beim Gang gegen den Uhrzeigersinn passieren wir eine alte rote Kanone, die im Zuge der Tiefbauarbeiten zutage trat. An der nordöstlichen Seite des Platzes steht das Memorial Gateway, das 1960 zu Ehren der Gefallenen des Zweiten Weltkriegs errichtet wurde. Ein Gedenkstein an der Westseite des Platzes ist der Besatzung der *HMSAS Southern Floe* gewidmet, die am 11. Februar 1941 auf eine Mine auflief und sank. Im Dezember 1940 wurden zur Unterstützung der Achsenmächte vier südafrikanische U-Jagdboote ins Mittelmeer entsendet. Die Schiffe waren auf einer Basis in Alexandria stationiert, wurden später jedoch ins libysche Tobruk verlegt. Der Untergang der *HMSAS Southern Floe* in der Nähe des Hafens von Tobruk war der erste Verlust, den die südafrikanischen Seestreitkräfte im Zweiten Weltkrieg zu beklagen hatten.

Von den 28 Männern an Bord überlebte nur der Schiffsheizer C. Jones. Er war erst kurz vor dem Auslaufen aus dem Hafen von Alexandria von der *HMS Gloucester* an die *Southern Floe* ausgeliehen worden. Nach dem Krieg schaltete Jones bis zu seinem Tod regelmäßig Gedenkanzeigen in den Kapstädter Tageszeitungen. An der Nordecke des Platzes steht die St. Stephen's Anglican Church mit einem Garten der Erinnerung und einer hübschen Kapelle hinter dem Hauptgebäude.

DIE FLIEHENDEN FLUSSPFERDE VON RONDEVLEI ⑪

Die einzige Flusspferdpopulation von Kapstadt

Rondevlei Nature Reserve, Fisherman's Walk, Grassy Park
imvubu.co.za
Täglich von 7.30–17 Uhr sowie von Dezember bis Februar Samstag und Sonntag von 7.30–19 Uhr

Das Rondevlei Nature Reserve ist ein 290 Hektar großes Feuchtgebiet. Das große Sumpfgebiet ist Lebensraum für rund 280 autochthone Pflanzenarten, 230 Vogelarten, verschiedenste Reptilien und kleine Säuger sowie die einzige Flusspferdpopulation von Kapstadt.

Früher gab es auf der Kaphalbinsel viele Flusspferde. Nur 18 Tage, nachdem Jan van Riebeeck 1652 am Kap ankam, schossen seine Männer nahe dem heutigen Church Square im Zentrum von Kapstadt ein erstes Exemplar und stellten bald fest, dass das Fleisch sehr gut schmeckte und sich aus der Haut wunderbare Peitschen und Seile fertigen ließen. Im 18. Jahrhundert war die Art am Westkap ausgerottet. 1981 wurden zwei männliche Flusspferde aus KwaZulu Natal umgesiedelt. Drei Jahre später kamen zwei Weibchen hinzu und 1984 erblickte in Rondevlei das erste Jungtier seit knapp 300 Jahren das Licht der Welt. Heute leben in dem Naturschutzgebiet rund sechs Tiere. Sie helfen beim Erhalt der Biodiversität der Feuchtgebiete und erwiesen sich in der Vergangenheit auch für die Ansiedlung von Flusspferden in anderen Schutzgebieten am Westkap als wertvoll. Und sie stehen im Ruf, gerne abzuhauen.

Meist sind es männliche Jungtiere, die vor dem dominanten Bullen Reißaus nehmen. Der erste Ausbruch ereignete sich im Februar 2004, als das Kalb Houdini sich durch einen von Dieben zerstörten Zaun in den Fluss Zeekoevlei davonmachte. Houdini war zehn Monate lang auf der Flucht. Nach einer chaotischen Verfolgungsjagd über dreieinhalb Stunden wurde es schließlich eingefangen und in ein privates Reservat nach Ostkap gebracht. 2009 entkam der vier Jahre alte Zorro (der Name geht auf eine gezackte Narbe zurück) und landete nach 18 Monaten in der angrenzenden Kanalisation in einem Reservat in Worcester. Im August 2012 spazierten eine Kuh und ihr Kalb, gefolgt von einem jungen Bullen, durch eine Lücke im Zaun aus dem Reservat.

Da Flusspferde tagsüber meist unter Wasser bleiben, ist die Chance, eines zu sichten, am frühen Morgen oder am späten Nachmittag am größten. Nehmen Sie unbedingt ein Fernglas mit auf den einen Kilometer langen Wanderweg, der am Ufer entlang vorbei an sechs Vogelbeobachtungsposten und zwei Beobachtungstürmen führt. Die Agentur Imvubu Island organisiert Bootsausflüge sowie nächtliche Touren mit Übernachtung auf einer kleinen Insel innerhalb des Gebiets.

NATURSCHUTZGEBIET WOLFGAT ⑫

Früherer Lebensraum der Schabrackenhyäne

Beiderseits des Baden Powell Drive, Mitchell's Plain, zwischen den Freizeitparks Mnandi und Monwabisi
021-392-5134/5

Wolfgat ist ein kleines, nicht umzäuntes Naturschutzgebiet an der False-Bay-Küste. Besuchern bietet sich von den Klippen und Dünen aus ein fantastischer Blick von Cape Hangklip bis Cape Point.

Auf 248 Hektaren findet man in dem Schutzgebiet gefährdete Flora und Kalksteinfelsen. Die Vegetation ist geprägt von Küsten-Fynbos und Cape Flats Dune Strandveld (wovon im Großraum Kapstadt nur noch 32 Prozent übrig sind) mit immergrünen Sträuchern, blühenden Sukkulenten, Zantedeschien und verschiedenen Margeritenarten. Unter den Vögeln finden sich Dominikanermöwen und Schwarze Austernfischer.

Hauptbedrohung des Gebiets ist die invasive Zyklop-Akazie (afr. *rooikrans* = „roter Kranz"), die sich wie Unkraut verbreitet und dabei einheimische Pflanzen verdrängt und die empfindlichen Küsten-Ökosysteme stört.

Besucher picknicken hier gerne oder vertreiben sich mit Naturwanderungen, Angeln (mit Erlaubnis und nur in ausgewiesenen Bereichen), Vogel- und Walbeobachtung, Schwimmen und Paragleiten die Zeit.

Wolfgat wird von verschiedenen Organisationen und Einzelpersonen getragen und richtet sich insbesondere an die Bevölkerung der nahen Townships Mitchell's Plain und Khayelitsha. Für Schulkinder und Studierende gibt es regelmäßig Führungen.

Kapstadt ist mit seiner hohen Dichte an Flora und Fauna innerhalb seiner Stadtgrenzen weltweit einzigartig. Das Wolfgat Nature Reserve wird von der Stadt Kapstadt in Zusammenarbeit mit den kommunalen Behörden von Khayelitsha und Mitchell's Plain verwaltet.

Da es sich um ein abgelegenes, ungesichertes Gebiet handelt, sollten Sie Wolfgat aus Sicherheitsgründen nur in einer Gruppe besuchen und keine Wertsachen mitführen.

Wolfgat bedeutet „Wolfshöhle" und bezieht sich auf die Schabrackenhyäne (auch Braune Hyäne oder Strandwolf genannt), die hier bis ins 19. Jahrhundert lebte. Seinen Namen erhielt der Küstenabschnitt nach dem Fund eines versteinerten Baus in den 1960er-Jahren.

MARVOL MUSEUM

Ein Stück Russland im Herzen der Weinberge

Hazendal Estate, Kuilsriver – 021-903-5035
Auf der La Belle Road (M31) in Richtung Stellenbosch und links auf die Bottelary Road (M23). Die Einfahrt nach Hazendal befindet sich nach der dritten Ampel auf der linken Seite
Täglich von 10–16 Uhr

Marvol ist mit seiner Sammlung russischer Kunst und Artefakte in einem alten Weingut ein ausgesprochen ungewöhnliches Museum. Im Erdgeschoss befinden sich mehrere Fabergé-Eier und eine Reihe russischer Ikonen, auf denen Heilige, die Jünger, Maria und Jesus zu sehen sind. Das Obergeschoss ist einer Matroschka-Sammlung sowie realistischen Gemälden mit typischen russischen Pastoralen, schneebedeckten Landschaften und Städten gewidmet.

Das Museum ist das geistige Kind von Mark Voloshin, einem der russischen Eigentümer des 1699 gegründeten Weinguts Hazendal Estate. Als Voloshin nach Südafrika kam, wurde er oft nach seiner Herkunft gefragt. Das Marvol Museum of Russian Art and Culture ist seine Antwort darauf.

Voloshin wurde in Moskau geboren und studierte am dortigen Institut für Zahnheilkunde Zahnmedizin. Als Geschäftsmann gründete er später die in den Bereichen Fertigung, Handel, Finanzen, Marketing und Consulting tätige Marvol Group. 1994 kaufte er mit seinem Geschäftspartner Hazendal Estate. Sie ließen die alten Gebäude sanieren und richteten ein Museum ein, in dem Voloshin seine private Kunstsammlung zeigt.

Herzstück der Ausstellung sind mehrere Fabergé-Eier. Die ersten dieser von Peter Carl Fabergé handgefertigten Eier wurden von Zar Alexander III. als Ostergeschenk für seine Frau in Auftrag gegeben. Nach dem Tod des Zaren 1894 fertigte die Manufaktur Fabergé weitere, immer kunstvollere Eier.

Viele russische Fabergé-Eier und imperiale Kunstwerke wurden nach der Revolution von 1917 zerstört oder verkauft. Unter Voloshins Leitung entstand eine Reihe moderner Fabergé-Eier, die Präsident Nelson Mandela 1997 als Geschenk überreicht wurden. Einige davon wurden auf Auktionen zugunsten des *Nelson Mandela Childrens' Fund* versteigert. Die verbleibenden Eier sind im Museum zu sehen.

Genießen Sie eine Weinverkostung auf dem Gut oder ein Essen im hauseigenen Restaurant Hermitage. Von den Wiesen aus bietet sich ein schöner Blick auf die Gutsgebäude und die darüberliegenden Weinberge.

NATURSCHUTZGEBIET CAPE FLATS

(14)

Was von der reichen Flora der Cape Flats übrig blieb

University of the Western Cape, Robert Sobukwe Road, Belville
Montag–Freitag von 9–17 Uhr
Eintritt frei

Eine staubige, windige Ecke im südlichen Belville ist kaum der Ort, an dem man einen ökologischen Schatz vermuten würde. Am Eingang zum Campus der University of the Western Cape (UWC) jedoch liegt ein kleines Naturreservat, das einen der letzten noch intakten Abschnitte des Cape Flats Sand Fynbos schützt. Einst zählten die Cape Flats zu den pflanzenartenreichsten Gebieten der Welt. Infolge von Urbanisierung und mangelndem Schutz tragen sie heute den unrühmlichen Titel als der Ort mit der weltweit höchsten Aussterberate.

1977 wurde das Naturschutzgebiet Cape Flats mit Blick auf den Erhalt der Vegetationsarten Cape Flats Sand Fynbos und Cape Flats Dune Strandveld eingerichtet. Im Jahr darauf wurde es zum Nationaldenkmal erklärt. Das Gebiet befindet sich in Privatbesitz und wird von der Universität verwaltet, die es für Umweltbildung und Forschungszwecke nutzt.

Mehr als 220 autochthone, zum Teil endemische – also ausschließlich an diesem Ort wachsende – Pflanzenarten kommen hier vor, darunter Seggen, Gräser, Geophyten, Schilf, Sukkulenten und Frühblüher wie das Regenzeigende Kapkörbchen (*Dimorphotheca pluvialis*) und die Hongerblom (*Senecio littoreus*), die die Dünen von August bis September mit einem weiß-gelben Blütenteppich überziehen.

Mehr als 80 Vogelarten sind in dem Reservat registriert. Von einem Beobachtungsposten aus lässt sich ein kleines Feuchtgebiet mit Wasser- und Watvögeln wie Kapenten und Schmiedekiebitzen überblicken. Zudem haben mehrere kleinere Säuger und mindestens ein scheuer Karakal (Luchs) hier einen Lebensraum gefunden. Mit etwas Glück läuft Besuchern neben Kapkobra, Schnabelbrustschildkröte, Zwergchamäleon und Wüstenregenfrosch auch ein Kap-Greisbock, eine Kapmanguste oder ein Kaphase vor die Linse. Interessanterweise wurde im März 2014 erstmals auch der Glänzende Schwarzpfeil gesichtet, eine Libellenart, die auf der Kaphalbinsel bis zu dem Zeitpunkt nicht verzeichnet war. In einer eigenen Baumschule werden autochthone und seltene Cape-Flats-Pflanzen gezogen. Denn Ziel der Einrichtung ist es nicht nur, die vorhandenen Überbleibsel dieses besonderen Ökosystems zu schützen, sondern es auszuweiten. Die Pflanzen können zu günstigen Preisen für den heimischen Garten erworben werden, in der Hoffnung, dem Gärtnern mit einheimischen Pflanzen vor allem in den benachbarten Gebieten Vorschub zu leisten.

NATURSCHUTZGEBIET TYGERBERG

(15)

Urbane Spuren des Swartland Shale Renosterveld

Haupteingang an der Totius Street, Welgemoed
Nebeneingang an der Meyboom Avenue, Plattekloof – 021-444-8971
Montag–Freitag von 7.30–18 Uhr, Wochenende von 7.30–19 Uhr

Das Naturschutzgebiet Tygerberg entstand 1973 zum Schutz dessen, was damals von dem stark gefährdeten Swartland Shale Renosterveld noch übrig war, einem Vegetationstyp, der nach den Nashörnern benannt ist, die das Gebiet einst durchstreiften. Das Reservat erstreckt sich über 309 Hektar und beherbergt 562 Pflanzenarten. Davon sind 23 bedroht, acht in Kapstadt und drei in Tygerberg endemisch. Gleich hinter dem Eingang liegt das Umweltbildungszentrum Kristo Pienaar mit Konservierungsvitrinen sowie einem Aroma- und einem Heilkräutergarten. Ein Stück weiter oben teilt sich der Weg in mehrere Wanderwege von ein paar hundert Metern bis über drei Kilometern Länge. Außerdem gibt es zwei hübsche Picknickplätze und eine Rollstuhl-Strecke. Die Aussicht vom Gipfel des Tygerberg Hill reicht weithin über die Cape Flats, von den Hottentots Holland Mountains bis hin zum Tafelberg und über die False und die Table Bay. An den östlichen Hängen des Reservats liegen alte Ackerflächen, die heute renaturiert werden, die Westseite vermittelt einen Eindruck davon, wie unberührtes Swartland Shale Renosterveld aussieht.

Dafür, dass es sich um ein städtisches Naturschutzgebiet handelt, ist die Artenvielfalt mit 24 Säugetierarten, 137 registrierten Vogelarten, 22 Reptilienarten, sieben Froscharten und einer großen Vielfalt an Schmetterlingen beträchtlich.

Der Tigerberg

Es gibt zwei Vermutungen, wie der „Berg" zu seinem Namen kam. Die erste beruht auf einer Aussage von Jan van Riebeeck, der die Gegend 1655 in seinem Tagebuch als Luipaerts Berghen (Leopard-Berg) bezeichnete. In der Tat erinnert die fleckige Färbung vieler Hügel in Westkap aus der Ferne an das Fell eines Leoparden. Die gleichförmig runden Flecken werden *heuweltjies* genannt, kleine Hügel, und sind vor allem im Sommer zu sehen. Manche Forscher halten diese *heuweltjies* für die Überreste alter Termitenhügel. Erntetermiten tragen pflanzliches Substrat in ihre Höhlen, wodurch sich mit der Zeit die Beschaffenheit des Bodens verändert. In der Folge wachsen in diesen Bereichen andere Pflanzen als in der Umgebung. Die zweite Annahme geht davon aus, dass frühe niederländische Siedler der Gegend 1661 den Namen Tijgerberghen (Tigerberg) gaben, da Leoparden bei ihnen undifferenziert als *tijgers* bezeichnet wurden.

DER ROSENGARTEN VON DURBANVILLE

(16)

Einer von drei experimentellen Rosengärten der südlichen Hemisphäre

Zwischen Durbanville Avenue und Drakenstein Road, Durbanville
Täglich von 7–18 Uhr – Eintritt frei

Der Eintritt in den günstig an einer der Hauptverkehrsachsen der Stadt gelegenen Durbanville Rose Garden ist frei. Viele Besucher sind hier dennoch selten anzutreffen, was bedauerlich ist, denn was auf den ersten Blick ein ganz gewöhnlicher Park zu sein scheint, ist in Wahrheit Heimat von 4.500 Rosensträuchern 500 verschiedener Arten und damit eine der größten Rosensammlungen von ganz Südafrika.

Der Garten wurde 1979 von der *Western Cape Rose Society* mithilfe großzügiger Pflanzenspenden von Rosenliebhabern angelegt. Heute ist er einer von drei experimentellen Rosengärten der südlichen Hemisphäre, in dem Baumschulen aus aller Welt ihre neuen Sorten testen.

Neben den Versuchspflanzen gibt es Rabatten mit preisgekrönten Rosen, Sammlungen historischer Rosen, Zwergrosen, Floribundarosen, Standard- und Kletterrosen sowie beliebte Gartensorten wie „Peace“ und „Mr. Lincoln“.

Besonders sehenswert ist die unter einer Laube versteckte „Fairest Cape“. Diese ebenfalls preisgekrönte, aprikosenfarbige Teehybride wurde 1994, im Jahr der ersten freien Wahlen in Südafrika, von den berühmten deutschen Rosenzüchtern W. Kordes & Söhne gezüchtet.

Zu den weiteren Sorten zählen die bernsteinfarbene „South Africa“ mit ihren großen, doppelten Blüten, „Bushveld Dawn“ in Lachs, Creme und Pink sowie die langstielige, hellrote „Pretoria Boys Centenary“, eine Züchtung von Kordes anlässlich des 100. Gründungstages der Pretoria Boys High School im Jahr 2001. Weiter geht es mit „Dikgang Mosenke“, einer roten David-Austin-Züchtung zu Ehren des früheren Telkom-Vorstands und stellvertretenden Vorsitzenden Richters des Verfassungsgerichts von Südafrika. Beim Gang durch die Rabatten fällt der Blick auch auf einen kleinen Friedhof. Es ist dies die Grabstätte der Schaborts, einer alten Kapstädter Familie, die dem Rosengarten einen Teil ihres früheren Weinguts Eversdal verpachtete. Die schönste Zeit für einen Besuch ist in den Sommermonaten von Oktober bis Mai, wenn die meisten Rosen in voller Blüte stehen und in der Sonnenwärme ihren betörenden Duft verströmen. Sonntags laden im Sommer verschiedene Wohltätigkeitsvereine zum Nachmittagstee ein.

Rosen selber schneiden

Täglich von 9–16.30 Uhr
Eintritt frei

In der 18 Hektar großen Rosenzucht der Chart Farm (Klaassens Road, Wynberg) mit Blick über das Constantia Valley können Besucher sich einen eigenen Rosenstrauß schneiden. Gartenscheren und Erntekörbe werden zur Verfügung gestellt, bezahlt wird je Stiel. Die Farm verfügt außerdem über einen Hofladen und ein Café, in dem Frühstück, Lunch und Tee gereicht werden.

ONZE MOLEN

17

Die Zwillingsschwester der Mostert's Mill von Durbanville

Onze Molen Road – Durbanville

Im Zentrum einer verschlafenen Wohnsiedlung in Durbanville steht eine der letzten Windmühlen von Kapstadt. Die Mühle, die seit 1963 den Namen Onze Molen trägt, war ursprünglich als Oude Molen („Alte Mühle") bekannt, ist heute jedoch die jüngste der drei noch existierenden Windmühlen der Stadt. In den frühen Kapstädter Jahren wurden am Ufer von Liesbeek River und Black River, dort, wo heute die Vororte Pinelands, Mowbray und Salt River liegen, rund ein Dutzend Windmühlen errichtet. Die Siedler nutzten die niederländische Technologie, um Weizen zu mahlen. Mit zunehmender Größe der Siedlung konnten die Mühlen die steigende Nachfrage nicht mehr bedienen. Es entstanden weitere Mühlen. Eine davon war Onze Molen vor den Toren von Pampoenkraal (Pumpkin Kraal), dem späteren Durbanville.

Wann genau und von wem die Mühle gebaut wurde, ist nicht bekannt. Der erste Nachweis ihrer Existenz ist eine Vermessungskarte aus dem Jahr 1842. In einer Besitzurkunde aus dem Jahr 1843 vom Verkauf des Landguts Johannesfontein, auf dessen Grund sie stand, wird sie ebenfalls erwähnt, sodass sie vermutlich zwischen 1837 und 1842 gebaut wurde. Die Mühle versorgte die örtliche Bevölkerung bis ins frühe 20. Jahrhundert mit Mehl. Später wurden das Dach, die Flügel und das Mühlwerk entfernt und das Gebäude in eine Unterkunft für Landarbeiter umgebaut. 1983 wurde die Mühle schließlich als Bedingung des Stadtrats für die Genehmigung der Aufteilung des umliegenden Grundstücks für ein Wohnungsbauprojekt saniert. Noch im selben Jahr wurde sie in die Liste der Nationaldenkmäler aufgenommen. Leider konnten nie Originalpläne gefunden werden, weshalb man sich bei der Sanierung an der Mostert's Mill in Mowbray orientierte, sodass die Mühlen heute wie Zwillingsschwestern aussehen. Da Mostert's Mill jedoch rund 50 Jahre früher gebaut wurde, gab es deutliche Kritik am Sanierungsvorgehen seitens des führenden südafrikanischen Windmühlenexperten Dr. James Walton, der darauf verwies, dass Kapstädter Windmühlen nach 1800 kein Reetdach mehr hatten, kürzere Flügel aufwiesen und durch ein Rad mit einer Endloskette angetrieben wurden. Leider sprachen sich die Anwohner aufgrund der hohen Kosten gegen eine betriebstaugliche Instandsetzung der Mühle aus.

IN DER UMGEBUNG

Der Pampoenkraal-Brunnen

Drei Blöcke weiter befindet sich an der Hoog Street mit der Pampoenkraal Fontein die Geburtsstätte von Durbanville. In einem kleinen, weiß getünchten Betonbecken sammelt sich das Wasser aus zwei Quellen, die Monat für Monat rund zwei Millionen Liter Wasser liefern. Bis zum Anschluss des Wassersystems von Durbanville an den Wemmershoek Dam 1957 bildeten sie die zentrale Trinkwasserversorgung der Stadt.

DIE ALLERHEILIGENKIRCHE VON DURBANVILLE

(18)

Die erste Architektin Südafrikas

2 Baxter Avenue, Durbanville – 021-976-8016
Montag–Freitag von 9–14 Uhr, Messfeier sonntags morgens

Der All-Saints-Komplex umfasst die Original-Kirche samt Pfarrhaus sowie eine Halle und einen Garten der Erinnerung. Sie entstand nach Entwürfen der ersten berühmt gewordenen südafrikanischen Architektin Sophy Gray. Die Kirche selbst ist ein weißer, reetgedeckter Bau mit kleinen Buntglasfenstern und einem freistehenden, hölzernen Glockenturm. All Saints wurde in den Jahren 1859/60 erbaut und steht in enger Verbindung mit der Geschichte und Entwicklung von Durbanville. Die ursprüngliche Kirche in Pampoenkraal war ein einfacher, rechtwinkliger Bau mit Schiff und Chor. 1982 wurde Pampoenkraal zu Durbanville und zählte deutlich mehr Gemeindemitglieder als früher. Anstatt die Kirche abzureißen und eine neue zu bauen, wurde der bestehende Bau erweitert. Aus dem rechtwinkligen Grundriss wurde ein Kreuz, Grays Stil blieb man bei der Umsetzung jedoch stets treu. Im Zuge der Arbeiten fanden traditionelle Baumethoden und Materialien Verwendung, alte Holzaufbauten blieben erhalten, neue wurden

entsprechend angepasst. 1982 wurde die Kirche zum Nationaldenkmal erklärt. Sophy Gray war Architektin und Diözesanadministratorin, passionierte Reiterin und Frau des Kapstädter Bischofs Robert Gray. Sie wurde am 5. Januar 1814 in Easington (Yorkshire) als fünfte Tochter des Junkers Richard Wharton Myddleton aus Durham geboren. Sie starb am 27. April 1871 in Bishopscourt (Kapstadt) und wurde auf dem Friedhof von St. Saviour's in Claremont beigesetzt. Als Robert 1847 ans Kap kam, erhielt er den Auftrag, eine neue Kolonialdiözese aufzubauen, die Anzahl der Kleriker zu erhöhen und neue Kirchen und Schulen in ganz Südafrika zu errichten. Sophy war seine ständige Begleiterin auf den vielen langen Reisen durchs Land und unterstützte ihn sowohl als Buchhalterin als auch als Architektin vieler Kirchen. Bevor Sophy England verließ, hatte sie architektonische Zeichnungen gesammelt, die auf Kirchen- und Schulbauten in den neuen anglikanischen Pfarreien umgearbeitet werden konnten. Ein Jahr nach ihrer Ankunft in Südafrika hatte sie elf Entwürfe für kleinere Kirchen gezeichnet, denen in den nächsten 25 Jahren mehrere Dutzend folgen sollten. Eines der schönsten Beispiele ist All Saints. Sowohl Sophy als auch ihr Mann liebten die neugotische Baukunst – in England der letzte Schrei zu jener Zeit. Doch sie hielten sich nicht sklavisch an diesen Stil. Von mehr als 50 Kirchen, die in Südafrika während der Amtszeit von Robert Gray als Bischof gebaut wurden, sind mindestens 40 Sophy zuzuschreiben.

DAS WIJNLAND AUTO-MUSEUM ⑲

Eine faszinierende Sammlung außergewöhnlicher Kraftfahrzeuge

Tarentaal Street, Joostenberg Vlakte
Täglich von 9–16 Uhr

Besonders bekannt ist das Wijnland Auto-Museum unter Einheimischen nicht. Schade eigentlich, denn es besitzt eine der faszinierendsten Oldtimer-Sammlungen, die man sich vorstellen kann.

Der Inhaber, Les Boshoff, war früher Immobilieninvestor. Nachdem er sich zeitig zur Ruhe gesetzt hatte, begann er, alte Autos zu sammeln. Als eines Tages die Filmindustrie an seine Tür klopfte, wurde ihm klar, dass er sein Hobby eigentlich auch zu Geld machen könnte. Seitdem wuchs die Sammlung auf schier unvorstellbare Ausmaße an. Heute, 25 Jahre später, besitzt Boshoff über 300 Autos in unterschiedlichem Zustand, von Cadillacs, Buicks, Dodges und Chevrolets, die in großen Garagen wie neu glänzen, über vor sich hin dämmernde Jaguare unter einfachen Tüchern bis hin zu unidentifizierbaren Wracks, denen Gras aus den Kühlern wächst.

Das an der N1 in Joostenburg Vlakte gelegene Museum ist mit seinen übereinandergestapelten rostigen Karkassen schon von der Straße aus zu sehen. Von außen könnte man das Gelände für einen Autofriedhof halten, doch wäre nichts weiter von der Wahrheit entfernt. Denn alle Autos des Wijnland Auto-Museums haben Aussicht auf eine glorreiche Auferstehung. Boshoff und sein Team schaffen es, innerhalb von drei Wochen aus einem maroden Blechhaufen ein Škoda Felicia Cabriolet zu zaubern, das wie frisch vom Band gerollt aussieht. Viele Fahrzeuge für Filmproduktionen in Südafrika stammen aus dem Fundus des Museums und werden von Stars wie Colin Farrell und Salma Hayek gefahren.

Zu Werbezwecken hat das Team überzeugende Repliken eines Supersportwagens und eines Formel-1-Wagens angefertigt. Mithilfe eines französischen Physikprofessors gelang es den passionierten Schraubern in mühevoller Kleinarbeit, einen alten Citroën DS in ein nachgebildetes Chapron „Décapotable“ Cabriolet zu verwandeln. Mit gelben Federn, Schnabel und Flügeln hatte dieser dann in einer schwedischen Hühnchenwerbung seinen großen Auftritt.

Im Innenbereich können ein superber 1923er Ford Model T Street Rod und ein 1934er Ford Tallboy 3 Window Coupé samt ihren gut 30 Trophäen bewundert werden. Auch ein Ferrari 400i, ein Porsche 356 Roadster, ein 1963er Rolls Royce Silver Shadow, zwei Ford Mustangs (wie aus Starsky & Hutch) und ein makelloser Mercedes 600, der aussieht, als würde gleich ein James-Bond-Bösewicht zu einer Spritztour einsteigen, sind mit von der Partie.

Autoliebhaber können sich in dieser glückbringenden Zeitmaschine stundenlang verlieren, und auch Fotografen kommen auf ihre Kosten – sofern sie zu den Glücklichen zählen, die das Museum finden.

9-Zoll-Kanonen der Scala Battery 207
9-Zoll-Kanone von Robben Island 236
9-Zoll-Kanone von Simon's Town 206
250 Jahre alte Prophezeiung 173
Albatross Rock 224
Allerheiligenkirche von Durbanville 264
Alte Straßenbahnstrecke 45
Alter Friedhof 222
Alter Uhrenturm 212
Andere bis heute erhaltene Meilensteine 201
Andere Tauchplätze 101
Anwesen, die zu Vororten wurden 149
Auwal-Moschee 48
Älteste Martello-Festung der Welt 221
Ältester Baum des Gartens 57
Bahnhof von Muizenberg 194
Besitztümer von Joshua Penny 62
Beta Beach 100
Bootsanleger der alten Manganmine 114
Boshof-Portal 148
Brunnen von Rondebosch 140
Buli-Stuhl 130
Centre for the Book 54
Chapman's Peak Drive 119
Charles-Darwin-Felsen 94
Cupido in der Casa Labia 192
De Hel 168
Die Oog 174
Dutch Manor Antique Hotel 50
Dungeons Surfspot 110
East Fort 116
Eine der spektakulärsten Fotolocations am Tafelberg 105
Einzigartiges Stück simbabwisches Kulturerbe 137
Encephalartos Woodii 160
Endemic Project 164
Erster Jet, der den Atlantik überquerte 247
Fahnenmasten und Gedenktafel für die Schlacht von Muizenberg 196
Fish Hoek Museum 189
Flachwasser-Surfen am Rietvlei 233
Fliehende Flusspferde von Rondevlei 250
Französische Redoute 122
Gedenktafel am Slave Tree in der Spin Street 69
Gefängniskantine von Pollsmoor 176
Geheime Höhle 118
Geist von Kronendal 109
Gemeindeland von Kapstadt 91
Geschichte der Martello-Türme 221
Geschnitzte Netsuke-Miniaturen 60
Gezeitenschwimmbad von Dalebrook 204
Glockenmusik anlässlich der Freilassung von Nelson Mandela 25
Glockenspiel in der City Hall 24
Grab von „Just Nuisance“ 216
Grand Vlei 90
Groote Schuur Residence 136
Gruft von Olof Bergh 34
Haakgat Point 232
Händler an der Long Façade 21
Heritage Museum 218
Heritage-Rebstock 42
Herschel-Obelisk 150
Het Posthuys Museum 190
Historische Straßenbahnschienen 44
Hölzerne Pflastersteine 32
Hurling-Pumpe 72
Imhoff's Gift 186
„Ins Wasser kacken verboten“ 75
Intaka Island 242
Jetty 1 80
Josephine Mill 142
Kajakfahren in der Three Anchor Bay 92
Kanone am Paulsberg 226
Kapstadts ältester Personenaufzug 41
Karamat von Klein Constantia 172
Kirche der Heiligen Dreifaltigkeit 202
Klein Zoar House 244
Kunst auf der Farm 55
Liberman Doors 58
Löwe und Einhorn 17
Luftseilbahn am Red Hill 210
Mahnmal zum Gedenken an den Ersten Weltkrieg 14
Mangelhafte Kommunikation 197
Mannenberg Memorial 52
Martello-Turm 220
Marvol Museum 254
Meilenstein von St. James 200
Meilensteine der Elektrifizierung von Kapstadt 71
Milkwood 127

Milkwood Forest 180
Military Aquatic Centre in Wynberg 158
Molteno Power Station 70
Mullers Optometrists 30
Museum der südafrikanischen Luftwaffe 246
Myburgh's Waterfall Ravine 167
Nach dem Tafelberg benanntes Sternbild 129
Naturschutzgebiet am Hippodrom von Kenilworth 156
Naturschutzgebiet Cape Flats 256
Naturschutzgebiet Koeberg 230
Naturschutzgebiet Tygerberg 258
Naturschutzgebiet Wolfgat 252
Newlands Spring 144
Niederländisch-reformierte Kirche der Tafelberg-Kongregation 20
Old Granary Building 16
„Ons is nog hier"-Mahnmal 22
Onze Molen 262
Orange Kloof 166
Original Noon Gun 128
Pampoenkraal-Brunnen 263
Paradise 146
Peers Cave 188
Pickled Baron 67
Porträt von Dr. Barry 170
Poststeine 36
Prestwich Memorial 46
Pumpen-Baum 56
Quagga-Fohlen 64
Radarstation am Blaauwberg Hill 234
Rekord-Bäume in den Arderne Gardens 152
Relikte des Kasteelspoort Cableway 104
Rhodes Cottage Museum 198
Roman-Rock-Leuchtturm 208
Rosen selber schneiden 261
Rosengarten von Durbanville 260
Rotunda 98
Roundhouse 96
Safran-Birnbaum im Company's Garden 69
SANCCOB 238
Selbsttötung von Ingrid Jonker 93
Ship Society 78
Slangkop-Leuchtturm 184
Slave Church Museum 40
So funktioniert die Teilnahme am Projekt 165
Sockel des Leuchtturms am Mouille Point 86
Spaziergang am Central Square 248
Springbrunnen am Lightfoot Memorial 28
St George's Cathedral in Woodstock 124
Stadtsfontein 74
Stellenberg Gardens 154
Strand auf dem Tafelberg 102
Street-Art-Safari-Checkliste 127
Tamboerskloof Farm 54
Tempel von Mazu 240
Third Road Crosswise to the Mountain 21
Tiger Mountain 259
Tintswalo Atlantic's Hammock 119
Tragisches Ende einer Giraffe aus Transvaal 135
Tranquility Cracks 106
Treadmill am Breakwater Prison 82
Treaty Tree 126
Ubuntu-Baum 68
Überreste des alten Zoos 134
Van-Oudtshoorn-Gruft 66
Van Riebeecks Hecke 162
Verbliebene Steinplatten der Seven Steps 18
Verschwindlafette 84
Verwaister Tisch im Café *Deus Ex Machina* 112
Wally's Cave 93
Wanderung auf der Halbinsel Oudeschip 108
Wandgemälde am Hauptpostamt 26
Wappen am alten Rathaus 38
Was ist eine Verschwindlafette? 85
Waterworks Museum 105
Weitere Mosaike von Lovell Friedman 23
Weiterer Poststein 37
Weiteres öffentliches Schwimmbad mit Aussicht 159
Welgelegen Manor House 132
White Horses Sculpture 89
Wijnland Auto-Museum 266
Wilde Mandel 163
Woodstock Street-Art-Safari 127
Wrack der *RMS Athens* 88
Wrack der *SAS President Kruger* 214
Wrack der *SS Kakapo* 182
Zwei Schweigeminuten mit Ursprung in Kapstadt 15

Im September 1995 kommt Thomas Jonglez im pakistanischen Peschawar, 20 Kilometer von den Stammesgebieten entfernt, die er wenige Tage später besucht, auf die Idee, die ihm bekannten verborgenen Orte von Paris zu Papier zu bringen. Seine siebenmonatige Reise von Peking nach Paris führt ihn damals unter anderem nach Tibet (in das er ohne gültige Papiere, versteckt unter Decken in einem Nachtbus, einreist), in den Iran und nach Kurdistan. Den gesamten Weg legt er ohne Flugzeug, ausschließlich per Schiff, Anhalter, Fahrrad, Zug oder Bus, reitend und zu Fuß zurück. Er erreicht Paris gerade noch rechtzeitig, um mit seiner Familie Weihnachten zu feiern.

Nach der Rückkehr in seine Geburtsstadt verbringt er zwei Jahre mit der Erkundung praktisch aller Straßen von Paris, um, gemeinsam mit einem Freund, seinen ersten Reiseführer über die Geheimnisse von Paris zu schreiben. Anschließend ist er zunächst sieben Jahre in der Eisen- und Stahlindustrie tätig, bevor ihn erneut die Leidenschaft packt und er sich ganz dem Entdecken widmet. 2003 gründet er seinen Verlag, 2006 zieht er nach Venedig.

2013 zieht es ihn mit seiner Familie wieder in die Welt hinaus. Sechs Monate führt die Reise von Venedig über Nordkorea, Mikronesien, die Salomon-Inseln, die Osterinsel, Peru und Bolivien nach Brasilien.

Nach sieben Jahren in Rio de Janeiro lebt Thomas heute mit seiner Frau und seinen drei Kindern in Berlin.

Die Publikationen des Jonglez Verlags sind in neun Sprachen und 40 Ländern erhältlich.

IM SELBEN VERLAG ERSCHIENEN

ATLAS

Atlas der geographischen Kuriositäten
Atlas der Wetterextreme
Atlas of unusual wines (auf Englisch)

BILDBÄNDE

Abandoned Asylums (auf Englisch)
Abandoned Australia (auf Englisch)
Abandoned France (auf Englisch)
Abandoned Lebanon (auf Englisch)
Abandoned Spain (auf Englisch)
After the Final Curtain – The Fall of the American Movie Theater (auf Englisch)
After the Final Curtain – America's Abandoned Theaters (auf Englisch)
Baikonur – Relikte des sowjetischen Weltraumprogramms
Chernobyl's Atomic Legacy (auf Englisch)
Forbidden Places – Exploring our Abandoned Heritage Vol. 1 (auf Englisch)
Forbidden Places – Exploring our Abandoned Heritage Vol. 2 (auf Englisch)
Forbidden Places – Exploring our Abandoned Heritage Vol. 3 (auf Englisch)
Forgotten Heritage (auf Englisch)
Stilles Venedig
Ungewöhnliche Hotels
Venedig aus der Luft
Verbotene Orte
Verlassenes Deutschland
Verlassenes Frankreich
Verlassenes Japan
Verlassene UdSSR
Verlassene USA
Verlassenes Italien
Verlassene Kirchen – Kultstätten im Verfall

VERBORGENES-REISEFÜHRER

Verborgenes Bali
Verborgenes Bangkok
Verborgenes Berlin
Verborgene Dolomiten
Verborgenes Edinburgh
Verborgenes Florenz
Verborgenes Genf
Verborgenes Granada
Verborgenes Hamburg
Verborgenes Istanbul
Verborgenes Kopenhagen
Verborgenes Korsika
Verborgenes Lissabon
Verborgenes London
Verborgenes Los Angeles
Verborgenes Mailand
Verborgenes Neapel
Verborgenes New York
Verborgenes Paris
Verborgenes Potsdam
Verborgene Provence
Verborgenes Rom
Verborgenes Sevilla
Verborgenes Singapur
Verborgene Toskana
Verborgenes Venedig
Verborgenes Wien

„SOUL OF"-REIHE

Soul of Amsterdam – 30 einzigartige Erlebnisse
Soul of Athen – 30 einzigartige Erlebnisse
Soul of Barcelona – 30 einzigartige Erlebnisse
Soul of Berlin – 30 einzigartige Erlebnisse
Soul of Kyoto – 30 einzigartige Erlebnisse
Soul of Lissabon – 30 einzigartige Erlebnisse
Soul of Marrakesch – 30 einzigartige Erlebnisse
Soul of New York – 30 einzigartige Erlebnisse
Soul of Rom – 30 einzigartige Erlebnisse
Soul of Tokio – 30 einzigartige Erlebnisse
Soul of Venedig – 30 einzigartige Erlebnisse

Folgen Sie uns auf Facebook, Instagram und Twitter

DANKSAGUNG

Unser besonderer Dank gilt: Jonathan Price, Biddy Greene, Jana Gough, Merry Dewar, Sue Townsend

Alison Westwood:
Mark Hawthorne – Orange Kloof
Cynthia Court – Glockenspiel in der City Hall
Laurenda van Breda – Naturschutzgebiet an den Cape Flats
Jacques Kuyler – Naturschutzgebiet Blaauwberg
Nicolette Nunes – Heritage Square
Rob Slater – Naturschutzgebiet am Hippodrom von Kenilworth
Ian Walters – Casa Labia
Andre Laubscher – Tamboerskloof Farm
Peter Muller und Andrew Cochrane – Mullers Optometrists
Chin Hung Lin – Ma Tzu Temple
Bryan Little und Filipa Domingues – *The Endemic Project*
Ian Macfarlane – Ubuntu Wellness Centre (Ubuntu-Baum)
Jim Hislop – *I Love Woodstock*
Les Boshoff – Automobilmuseum Wijnland
Jurina Le Roux – Naturschutzgebiet Koeberg

Justin Fox:
Richard Whiteing – Robben Island
Zainab „Patty“ Davidson – *Amlay House* (Kulturhistorisches Museum)
Tony Davenport – Josephine Mill
Christopher Peter – Irma Stern Museum (Buli-Stuhl)
Harry Croome – Middle North Battery und Martello-Turm
Ryno du Rand – Tintswalo Atlantic
Anna Sala Farras – Wrack der *SS Kakapo*
Philip Short – *Ship Society of South Africa*
Jos Baker – Klein Zoar

Außerdem danken wir:
Kirk Wilhelmus, Michelle Dardagan, Susan Hayden

BILDNACHWEISE

Alle Fotos von Alison Westwood und Justin Fox, außer:
Die Original Noon Gun: Gavin Cromhout
The Endemic Project (beide Aufnahmen): Bryan Little
Cape Flats Nature Reserve (nur große Aufnahme): Laurenda van Breda
Haakgat Point (Bild rechts): Tracey Younghusband

Karten: Cyrille Suss – **Konzeption:** Emmanuelle Willard Toulemonde – **Übersetzung:** Tanja Felder – **Lektorat:** Johanna Kling – **Korrektorat:** Carola Köhler – **Redaktion:** Clémence Mathé

Pflichtexemplar: November 2023 – 1. Auflage
ISBN: 978-2-36195-698-1
Printed in Bulgaria by Dedrax